JN024425

親子で学ぶ 島根の歴史 知る知る事典

前編 山陰中央新報こども新聞『週刊 さんいん学聞（まなぶん）』連載
「風ちゃんとドッキー博士のどきどき考古学」

後編
「島根の歴史ポケット豆知識」

発刊によせて　―地域の歴史を地域の人々へ

松江市立松江歴史館名誉館長　藤岡大拙

宍道正年さんの「親子で学ぶシリーズ」は、平成二十四年第一弾『親子で学ぶ松江城と城下町』が出版されてから十一年を閲（けみ）し、今回いよいよ十一弾が刊行されることになりました。一年に一冊のペースで刊行されたのですから、宍道さんの努力は並大抵のものではなかったはずです。深く敬意を表したいと思います。

すっかりおなじみになりましたが、お父さんと小学六年生のマアちゃんとの掛け合いの会話と、現地見学で描き出される歴史像は見事なものでした。十一冊の中身は、考古から現代まで実に幅の広い範囲で、富田城の尼子氏や石見銀山がとりあげられるとみるや、次はラフカディオ・ハーンであったり、その領域の広さに驚かされました。しかも、易しい文章で的確な歴史像が描かれています。宍道さん以外に、これだけの内容を小学校上級生にも理解できる叙述ができる人はいないと思います。

歴史事象はまず研究者が資料をもとに調査研究し、雑誌論文や著書に発表します。けれどもそれは難解で、一般の人や小学生には理解しにくいものです。そこで重要な役割を演ずるのは、難解な論文を咀嚼（そしゃく）し、易しい文章に直して、一般の人や生徒に橋渡しする人です。つまり語部（かたりべ）です。

宍道さんはまさに語部に最適の人であります。

なぜなら、宍道さんは、（一）大学で歴史学・考古学を専攻された。（二）小学校の教師になられ、年齢に応じた学力を知悉しておられる。（三）派遣社会教育主事として大人の学習にもたずさわってこられた。（四）赴任地の校区に愛情を抱き、特徴のある史実を見つけて研究し、その成果を校区の人々に伝えた。巻末の筆者略歴を見れば一目瞭然です。

以上のように、宍道さんは語部の条件を十分に具備しておられますが、さらに（五）として、決定的なポイントがあります。それは、歴史の語部としての情熱です。宍道さんは、講演・講義を頼まれれば必ず引き受け、公民館や学校に赴く。あるいは、駅に迎えに出て、道すがら携帯マイクを使って説明しながら目的地に向かう。語部には情熱が必要ですが、宍道さんはありあまるほどの情熱の持ち主です。この情熱、フットワークのよさ、温顔に笑顔（えがお）、何人も真似のできない、宍道さんならではの特技といっていいでしょう。

本書、第十一弾『島根の歴史　知る知る辞典』は、これまでの「親子で学ぶシリーズ」と少し変わって、前編は八雲立つ風土記の丘学芸員による、小学校高学年向けの考古学の解説です。名称や使用漢字の難解さを克服して、分かり易く説明してあります。後編は宍道さんの「島根の歴史ポケット豆知識」で、赴任地や講演に行った学校・公民館など、なんらかの関わりのある地域の、どちらかといえば隠れた史実や人物の解説で、非常に貴重です。

今日もまた、どこかで宍道さんの語部活動が行われていることでしょう。

発刊によせて

島根県立八雲立つ風土記の丘顧問　松　本　岩　雄

八雲立つ風土記の丘は、1972年9月にオープン、今年は51年目のスタートになります。松江市南郊の風土記の丘一帯は、島根最大の山代二子塚古墳や出雲国府跡、出雲国分寺跡など文化財の宝庫といえる地で、そうした史跡群の見学拠点が展示学習館です。

近年、子供連れで来所されるお母さんやお父さんから、「小学生のころ見学に来て、古代家屋の写生をしました」「遠足で来た時に見た鹿の埴輪をよく覚えています」などという話をよく耳にします。子供の頃の印象は、永く記憶されるんだなあ、とつくづく感じます。

開所以来、多くの子供たちに親しまれているのですが、展示解説パネル・遺跡説明版や図録などは、大人向けで、難しい用語がたくさん書いてあります。

そうした中、山陰中央新報社から「週刊さんいん学聞（まなぶん）」の新企画構想の提案。「小中学生に考古学の世界を身近に感じ、興味を持ってもらうきっかけづくり」にしたいとのことで、八雲立つ風土記の丘でお引き受けすることにしました。若手学芸員の今井智恵さんと松宮加奈さんに担当してもらい、キャラクター設定、イラスト、編集などを山陰中央新報の土谷康夫さんにご尽力いただき、2019年4月から約1年間にわたって26回の連載を行いました。新聞記事は子供にも大人にも好評で、連載中には多くの励ましの言葉をいただきました。

連載終了から2年以上経過しましたが、宍道正年先生から書物にして永く活用した方が良いとの熱いお誘いを受け、このたび刊行の運びとなりました。

考古学のおもしろさや、出雲・石見・隠岐の主な遺跡が紹介してありますので、地域の歴史・文化に関心を持っていただくきっかけになることを、期待しております。

● 目次 ●

風ちゃんとドッキー博士のどきどき考古学

ドッキー博士

風ちゃん

〈1〉考古学ってなに？

昔のものから歴史考える

小学5年生の女の子風ちゃんが、松江市大庭町にある八雲立つ風土記の丘へ遊びに来ました。風土記の丘には、ドッキー博士という土器の妖精が住んでいます。

何だか古そうなものがいっぱい置いてあるわ。

ようこそ八雲立つ風土記の丘へ！　ここでは考古学の研究成果を基に、古墳時代から奈良時代のものを展示しているんだよ。

わあっ！　おばけ！

失礼な！　僕はドッキー博士。風土記の丘の展示室に住んでいる、山代二子塚古墳の子持壺の妖精だよ！　君は？

私は風ちゃん。博士はおばけじゃないの？　何だかおもしろい顔だけど。

おもしろい顔とは失礼な。これは、バラバラになってしまっていた僕を元の形に復元してもらう時に、見つからなかったパーツを白い石膏で作ってもらったら顔のようになったんだ。考古学の研究成果がつ

山代二子塚古墳から出土し島根県立八雲立つ風土記の丘に展示されている子持壺（島根県立八雲立つ風土記の丘提供）

出雲地方最大の前方後方墳の山代二子塚古墳＝松江市山代町

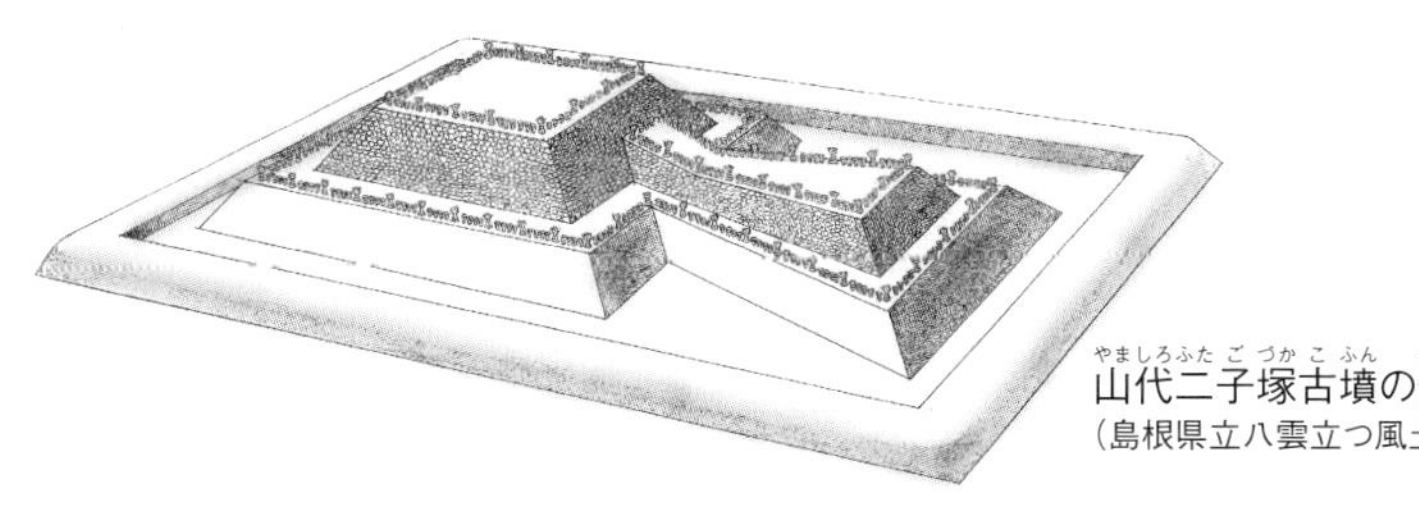

山代二子塚古墳の全景イメージ図
（島根県立八雲立つ風土記の丘提供）

まった自慢の顔なんだぞ。

そうだったのね。ごめんなさい。でも、バラバラだったのに、どうしてその形だと分かったのかしら。白い石膏のところも多いようだけども。

バラバラでも、一つ一つの破片をよく見ると、他の古墳から見つかっていた子持壺と同じようなところがたくさんあったんだ。

同じような形の子持壺から博士の形が分かったってことね。

そうだよ。ものを見比べて考えるのは考古学の研究方法の一つなんだ。昔の人が残したものから歴史を考えるのが考古学だからね。

昔の人が残したもの…、昔の人が作った道具とか？

そう。皿や壺とかの土器や昔の人が使った道具など土の中から見つかったものを遺物っていうんだ。他にも、人が掘った穴や建物、道路の跡も人が残したものになるよ。そういう動かせないものを遺構っていうんだ。

動かせるものが遺物で、動かせないものが遺構なのね。

遺物や遺構が出てくるところを遺跡っていうよ。遺物や遺構、遺跡から歴史を考えるのが考古学なんだ。

考古学っておもしろそうね。ドッキー博士、もっと知りたくなってきたわ。

いいね。じゃあ、もっと詳しくみていこう。

教えて！ ドッキー博士

質問 山代二子塚古墳と子持壺ってなに？

山代二子塚古墳は松江市山代町にある出雲地域で最大の前方後方墳だよ。全長は94メートル、周りの堤も合わせると150メートルにもなるんだ。子持壺は古墳に並べられた古墳の儀式に使うものだよ。大きな壺に小さな壺がくっついた形をしているから子持壺と呼ばれているよ。

島根県内には1万9千カ所以上の遺跡があります。昔の人が残したものから人々がどんな生活をしていたのかを調べる考古学の基本や身近にある遺跡を、島根県立八雲立つ風土記の丘学芸員が紹介します。1回目は松宮加奈さん。

八雲立つ風土記の丘展示学習館
TEL 0852-23-2485

筆者紹介

今井智恵（いまい・ちえ）
1989年、松江市生まれ。奈良女子大学大学院修了。2013年から2023年まで、八雲立つ風土記の丘学芸員。専門は古墳時代。

松宮加奈（まつみや・かな）
1992年、京都府宇治市生まれ。同志社大学卒。2018年から2022年まで、八雲立つ風土記の丘学芸員。専門は古代。

〈2〉考古学の楽しみ方（上）

遺物見ながら昔想像して

八雲立つ風土記の丘では現在、2018年度に行われた松江市内での発掘調査の成果について展示中だよ。発掘調査というのは遺跡を掘って調べることをいうんだ。実は、調査で見つかった遺物からいろいろなことが分かるんだよ。

あ、サメの歯があるわ。大橋川北岸にあるシコノ谷遺跡（松江市朝酌町）から見つかっているのね。ということは、昔はサメが宍道湖や中海にいたってこと？

そういうこと。サメの歯は縄文時代のものだって分かったよ。昔は、宍道湖は海とつながっていて、今よりもっと塩分濃度が高かったと考えられるんだ。今回、150本以上のサメの歯が出土しているんだけど、島根県内でこれだけ多くのサメの歯が見つかるのは初めてのことなんだ。

すごいわね。縄文時代の人はサメを食べていたの？

アクセサリーに加工した跡が見られないからそう考えられるね。他にもクルミ、イノシシの牙、鹿の骨なども見つかっていて、縄文時代の人が何を食べていたのかが分かるんだ。

硯も昔の人が使っていたものなの？

そうだね。硯は出雲国府跡から見つかったんだ。国府というのは奈良時代に設置された政治を行う場所で、今でいう県庁のようなところだよ。朝廷の命令で派遣されてきた国司や出雲出身の役人たちが働いていたんだ。彼らは文書（文字）を使って仕事をしていたから、硯が出てくるんだよ。瓦も面白いことが分かるよ。今回、瓦は国府跡や国分寺跡、山代郷南新造院（四王寺）跡から見つかったんだ。国分寺は天皇の命

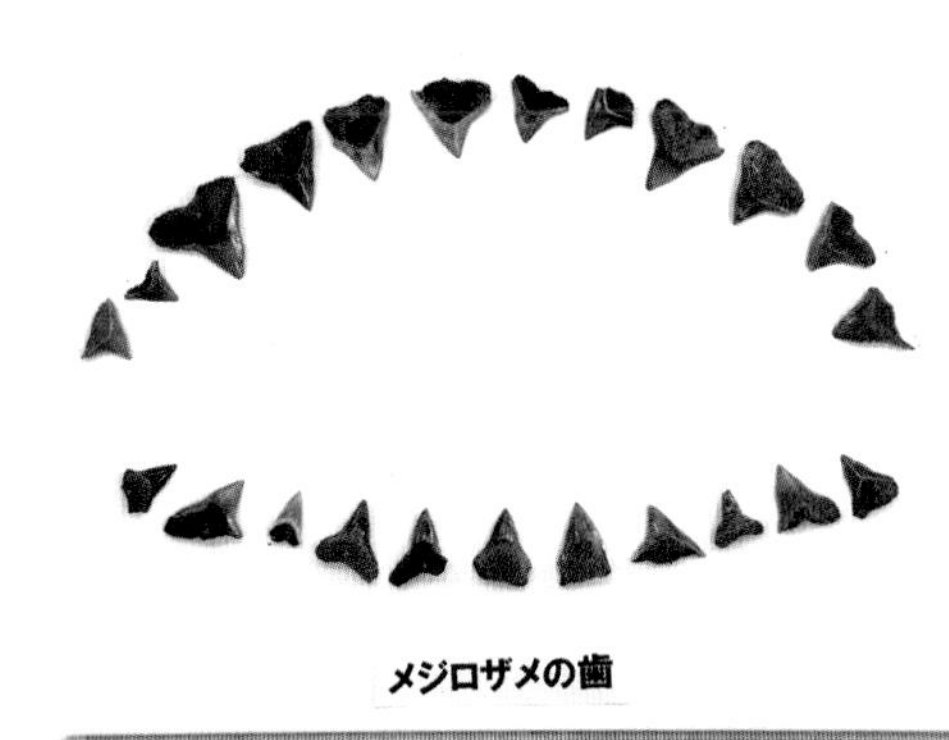

出土した縄文時代のサメの歯（島根県埋蔵文化財調査センター提供）

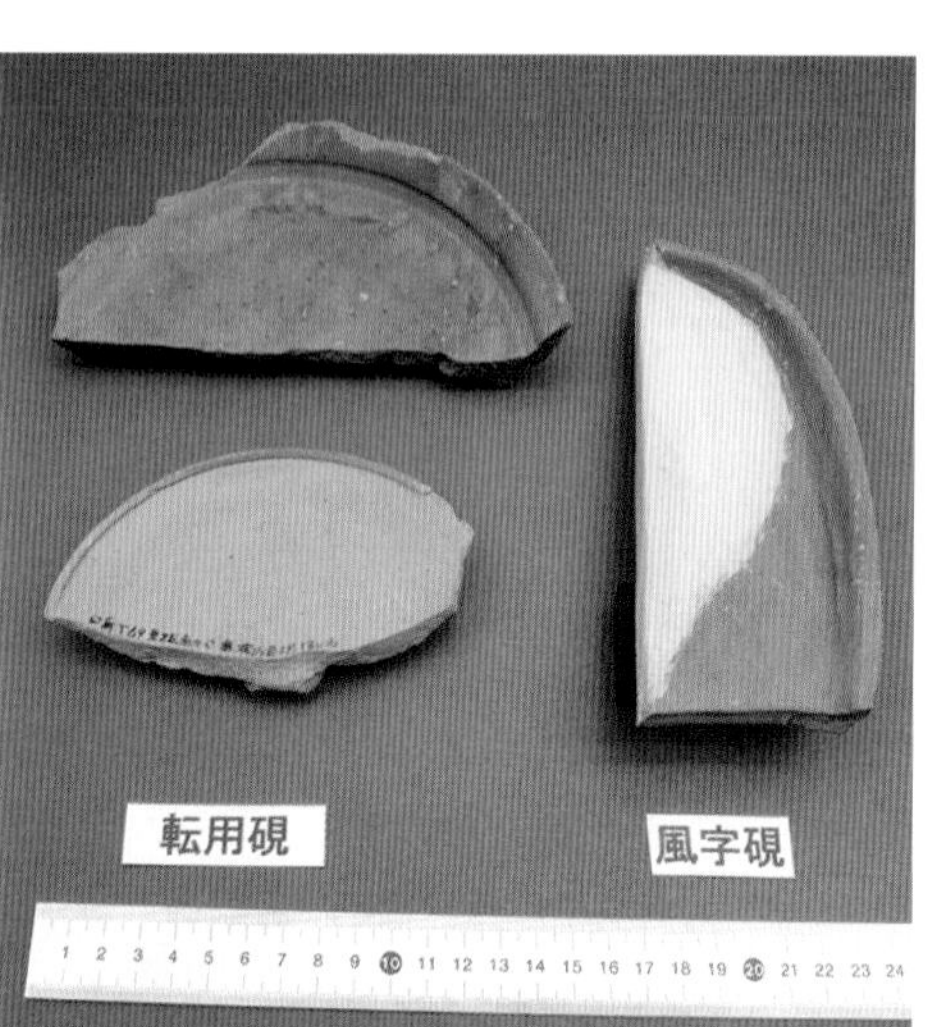

八雲立つ風土記の丘展示学習館で現在展示中の硯の一部。左の2点が蓋などを再利用した転用硯。右は風字硯の半分（島根県立八雲立つ風土記の丘提供）

令で全国に造られた寺、山代郷南新造院は出雲の有力者が造った寺の一つで『出雲国風土記』にも登場するんだ。瓦を葺いた建物は奈良時代にはまだ珍しくて、すごく立派な建物にしか使えなかったんだ。

瓦があるっていうことは、そういう重要な建物があったって分かるのね。

そうだよ。サメの歯や動物の骨、瓦や硯などの遺物が見つかるということは、そこで使う人がいたってことなんだ。遺物を見ながら昔の様子を想像してみるのも考古学の楽しみの一つだよ。遺物を見るときは、ぜひ昔の人がどうやって使ったのかな、どんな所にあったのかな、とか想像してみて。まだだれも思いついていないような発見があるかもしれないよ。

（島根県立八雲立つ風土記の丘学芸員・松宮加奈）

教えて！ドッキー博士

質問　硯にいろいろな種類があるけど、風字硯や転用硯ってなに？

今は石の硯が多いけど、奈良時代の硯は焼き物が多いんだ。風字硯は形が「几」に似ていることから風字硯と呼んでいるよ。今の硯の形に似ているね。転用硯は硬い土器の蓋や皿などを再利用して硯として使用したものだよ。触ると墨をすった跡がツルツルしているんだ。

〈3〉考古学の楽しみ方（下）

古墳の不思議見つけよう

風ちゃんとドッキー博士は、八雲立つ風土記の丘（松江市大庭町）の敷地内にある岡田山古墳群を見に来ました。

ここは今から1600〜1400年前の古墳時代中期から後期の古墳群だよ。

古墳って昔の人のお墓だって聞いたことがあるけれど、小さな山が並んでいるように見えるわ。

そうだね。でも、周囲を回ってみると、いろいろな形があるように見えるでしょう？

あ、本当だわ。2号墳は丸く見えるけど、となりの1号墳は四角が二つつながった形をしているわ。

岡田山2号墳の形は「円墳」、1号墳の形は「前方後方墳」というんだよ。

同じ古墳でも形や大きさがいろいろあるのね。ねえ、博士、1号墳の横に開いてる穴は何かしら？

それはね、「石室」といって、この穴の奥に亡くなった人を葬っていたんだよ。岡田山1号墳は石室が一般公開されている古墳なんだ。中に入ってみよう！

入り口の天井がとても低くて暗いわ。ちょっと不気味ね。それに、周りが石で囲まれているのね。あら、何か広い場所があるわ。

広く造られている場所が埋葬される空間で、「玄室」というんだ。

周りが全部石で囲まれているのね。それに、地面に置いてある四角い石の箱は何かしら。

これは「石棺」といって、亡くなった

八雲立つ風土記の丘敷地にある岡田山古墳群。左側に見える小高い部分が1号墳、右端の雑木に覆われた所が2号墳

人の体が納められていたんだよ。

何だか、思っていたより小さな箱なのね。

そうだね。亡くなった人が小さかったのか、体を曲げて葬られていたのか、まだ分かっていないんだ。

実際に古墳の中に入ってみると、不思議なことがいっぱいあるのね。

▲岡田山1号墳内の石室にある石棺
＝松江市大庭町

◀石棺と埋葬状況復元図
（島根県立八雲立つ風土記の丘提供）

そうだね。遺跡を探検してみると、見て分かることもあるし、逆に疑問に思うことも出てくると思うんだ。遺跡に隠されている不思議を探検しながら見つけてみてね。

（島根県立八雲立つ風土記の丘学芸員・今井智恵）

教えて！　ドッキー博士

質問　古墳時代以外に造られた、土を盛り上げてできたお墓は何と呼ぶの？

主に古墳時代に土を盛り上げて造られた墓を「古墳」と呼んでいるけど、それ以外の時代は違う呼び方をすることもあるんだ。古墳時代より古い弥生時代に土を盛り上げて造られたお墓を「墳丘墓」と呼び、古墳時代より新しい時代に造られたお墓を「墳墓」とか「古墓」と呼ぶことが多いよ。

〈4〉発掘調査って何？

地面掘り昔の活動跡記録

風ちゃんとドッキー博士がやってきたのは、松江市大庭町の県立八雲立つ風土記の丘から東へ1.5キロ離れた同市大草町にある国の史跡「出雲国府跡」です。

出雲国府跡では、1968年から発掘調査が始まって、現在も行われているんだ。

どうして発掘調査をするの？

風ちゃんは、おうちや学校の周りで工事しているのを見たことはあるかな？

そういえば、学校からの帰り道に「新しい道路ができます。」って看板があったわ。

工事をすると地面を掘るよね。でも、そうすると埋もれている昔の人が使っていた土器や、生活の跡が壊れてしまうんだ。昔の人々の活動の跡（歴史）が分からなくなってしまわないように、工事の前にきちんと調べて記録として保存するために発掘調査を行うんだ。

じゃあ、私のおうちの下にも遺跡があるかもしれないのね。

島根県は遺跡がたくさんあるから、もしかしたらあるかもね。

出雲国府跡は奈良時代の役所の跡なのよね。もう遺跡だって分かっているのに、なぜ調査が必要なの？

遺跡は一度調査をしたからといって、全てが分かる訳ではないんだ。遺跡があると分かっている場所でも発掘調査を行っていなかったり、一度発掘調査を行ったりした場所でも、もう一度調査すること

出雲国府跡の北側で行われていた発掘調査風景（資料＝島根県埋蔵文化財調査センター提供）

があるんだ。

なぜ何回も調査するの？

いくつか理由があるけれど、一度調査したことのある遺跡でも、まだ調べていない部分があるんだ。ここ出雲国府跡も42ヘクタールの広さがあって、全てを一度に掘ることは難しいから、毎年少しずつ調査しているんだよ。

なら、たくさん調査すれば、たくさんの事が分かるのね。

ただ、発掘調査を行うことも、遺跡を壊すことになるんだ。

あれ？　遺跡を保存するために調査をするって言っていたよね？

そう。現代の技術では、遺跡を調査するときに、地面を掘って中の様子を調べなければいけない。だけど、調査のために掘ると、地中に残されていた情報は失われてしまうんだ。どんな様子で埋まっていたのか、情報を見落とすことがないように調べる必要があるんだよ。

地面を掘らなくても中に何があるのか分かるようにならないかしら。

地中を調べる機械もあるけれど、まだまだ精度が足りないんだ。今の技術で全て調べてしまうのではなく、未来に託すことも一つの方法なんだよ。

私たちがこれから考えなければいけないのね。

（島根県立八雲立つ風土記の丘学芸員・今井智恵）

教えて！　ドッキー博士

質問　遺跡ってどんな種類があるの？

遺跡の種類はいろいろあるけれど、主に二つの特徴に分けることができるよ。一つは時代。弥生時代の墳丘墓や古墳時代の古墳など、その時代にのみ造られる遺跡や、松江城などのその時代を代表する建造物のように、時代を代表する遺跡があるよ。もう一つは遺跡の性質。昔の人が住んでいた跡（集落遺跡）や川の跡など、何に使っていたか、どんな場所だったかも大切なんだ。多くの遺跡では、この二つの特徴が合わさっているんだよ。

〈5〉遺跡ってどう掘る？

手作業で土の層を丹念に

発掘調査は遺跡を調べるために掘るのよね。どうやって掘るの？

まず、今の僕たちが立っている現代の土の層（表土）を取り除くよ（図①）。表土には遺構や遺物がないからショベルカーなどの機械で削るんだ。でも、その後はどんな遺跡かを慎重に見極めながら調査をするから手作業になるよ（図②）。

機械だとたくさん掘ってしまうのね。

表土の下には色や質感が違う土の層があるんだ。この上で昔の人が生活していたんだよ。だから、この層の上面で遺物や遺構がないか探すんだ。遺構は周りとの色の違いや土のかたさ、触った感じの違いをよく観察しながら見つけていくんだ。

周りと違うところが遺構なのね。

遺構を見つけたら遺構の中を掘っていくよ（図③）。

発掘調査の流れ

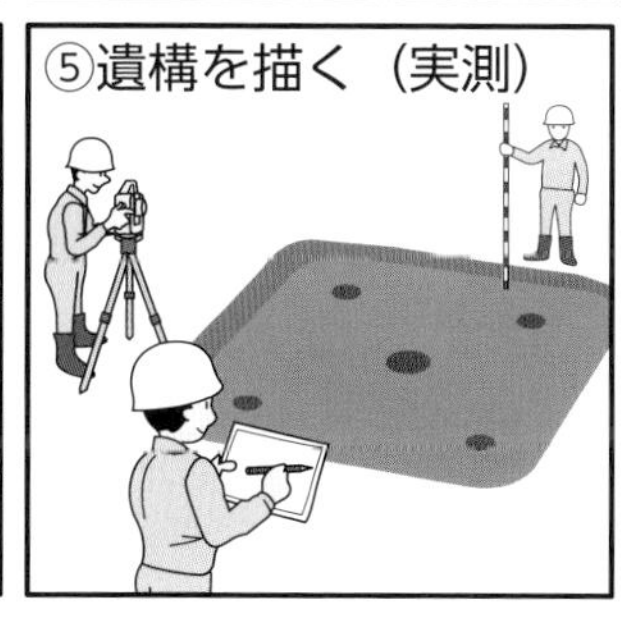

遺物があると、遺構の性格や時代のヒントになるから注意して掘るんだ。

遺構の中から出た遺物は、その遺構が埋まる時に一緒に入ったってことになるのね。

そうだよ。出てきた遺物は層ごと、遺構ごとに分けて取り上げるよ。この時に「どの遺跡」の「どの遺構・層」から「いつ（年月日）」出てきたかをラベルに書いて一緒にしておくんだ（図④）。

別々になると分からなくなってしまうものね。

後でだれが見ても分かるようにするのはとても大事なことなんだ。だから遺構を見つけたときや、遺物を見つけたとき、掘った後など、そのたびに写真を撮ったり、実測して図面を描いたりして、記録を取るよ（図⑤⑥）。図面を描くときは地形や高さ、土がどう積もっているかも正確に測るんだ。

情報をもらすことなく記録することが大切なのね。

ちゃんと記録を取っておけば他の調査成果と比べることができるからね。すべて記録を取ったら調査した層をはがして、さらに下の層を調査するよ。

遺跡は一つだけじゃないの？

歴史の積み重ねの分だけ、遺跡は層として積み重なっているからね。全部終わったら埋め戻して、発掘調査の「掘る」作業は終わりだよ。

「掘る」のは終わり？

うん。これから、遺物や写真・図面の「整理」をするんだよ。

（島根県立八雲立つ風土記の丘学芸員・松宮加奈）

〈6〉出土物の整理って？

内容分かるよう情報記録

島根県内の遺跡から出土した土器のかけらなど多数の遺物＝松江市打出町の同県埋蔵文化財調査センター

今回は発掘調査で掘った後の「整理」についてだよ。まず、遺物の土を落とすんだ。土器や石器、埴輪、瓦などは水で洗うけど、水につけるとさびる金属製品などは別に取り分けてきれいにするよ。

きれいにする方法も遺物によって違うのね。

ごしごしこすると、遺物の文様や痕跡が消えてしまうから丁寧に、そっと土を落とすんだ。

遺物にも跡があるのね。

ものをつくるときにも痕跡が残るからね。「ろくろ」を使った跡、道具を使ってたたき締めた跡、文様を描

遺物への注記は極細の筆を使って手書きでも行われる

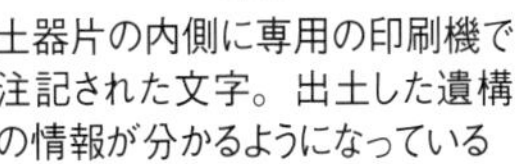
土器片の内側に専用の印刷機で注記された文字。出土した遺構の情報が分かるようになっている

バラバラになっていた土器片を一つ一つ接合しながら進められる復元作業＝松江市打出町の島根県埋蔵文化財調査センター

いた跡など、その跡をみると何を使ってどうつくったのかが分かるよ。

遺物の跡にも重要な情報がたくさん詰まっているのね。

そうなんだ。大切な情報である跡を消さないようにきれいにしたら、遺物に「注記」していくよ。小さな字で遺物が出土した遺構の情報を書くんだ。注記しておけば、どこの遺物か分かるからね。

遺物が迷子にならないように書いておくのね。

迷子になったら、その遺物の情報が遺構や遺跡と結びつかなくなるからね。注記が終わったら、「接合」して「復元」するよ。割れてバラバラになっているものが多いから、元は一つだったものはないか、くっつくものがないかを探すんだ。

なんだかパズルみたい。

パーツの足りない、ほとんど完成することのないパズルだけどね。接合した遺物は、ものによっては足りないところを石膏などで補って復元するんだ。

ドッキー博士もそうやって復元してもらったのね。

そうだよ！　どんな形かを想像しながら接合して復元していくのが大切なんだ。

ただのパズルじゃないのね。

接合したら、実測して図面を描いて、写真を撮って、「記録」として残していくんだ。

遺構も記録を取ったけど、遺物も記録していくのね。

どんな形か、どんな文様や跡があるかを一つ一つ測って記録していくんだ。全部終わったら、どの遺構からどんな遺物が出てきたかを文章にして、写真や図を入れて、印刷・製本したら報告書の完成だよ。

掘った後も、時間のかかる大変な作業があるのね。

整理をして報告をしないとせっかく調査したのに他の人には分からなくなってしまうからね。とっても大切な作業なんだ。

どんな遺跡なのかをみんなに伝えるために掘って整理して報告することが発掘調査なのね。

（島根県立八雲立つ風土記の丘学芸員・松宮加奈）

〈7〉どうして時代が分かるの？（上）

土器の形も少しずつ変化

ドッキー博士、この遺跡は何時代の遺跡って、どうして分かるの？　遺物や遺跡のどこかに「奈良時代」とか「縄文時代」って書いてあるの？

残念ながら遺跡や遺物に直接「○○時代」って書いてあるわけじゃないけど、これまでの研究の積み重ねのおかげで遺物を見たら何時代かは判断できるんだ。

どうして遺物で時代が分かるの？

時代によってよく出土する遺物があったり、土器などは同じ種類でも時代の変化によって少しずつ形が違ったりするんだ。

時代によってよく出土する遺物ってどういう物があるの？

例えば、埴輪は古墳が造られなくなるのと一緒に作られなくなるんだ。須恵器は硬く焼き締められた灰色の焼き物なんだけど、これは中国や朝鮮半島から技術が伝わるまで日本列島では作られることはない。この時代にしかないもの、この時代より後でしか見つからないものを見たら、だいたいの時代が分かるよね。

年代に見る 土器の形

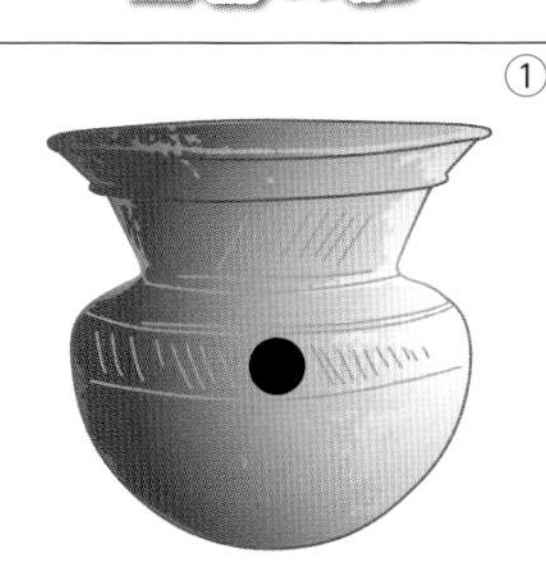

①5世紀後半に作られた金崎1号墳（松江市西川津町）から出土した𤭯
＝実物写真をトレースしたもの
②6世紀後半の御崎山古墳（松江市大草町）から出土した𤭯
③7世紀初頭の狐谷11号横穴墓（松江市山代町）から出土した𤭯
（②、③島根県立八雲立つ風土記の丘提供）

その時代の特徴として見つかる遺物があるのね。

それとは別に、土器っていうのは縄文時代からずっと作り続けられているんだけど、昔から全く形が変わらないわけではないし、その時の思いつきでバラバラの形が作られていたわけでもないんだ。

土器にはそれぞれの時代で決まった形があるっていうこと？

その時代で同じような形で同じような装飾のものがよく作られるという傾向があるんだ。その傾向がどう変化していくのかをみると時代が分かるんだ。

なんだか難しいわ。

例えば、前のページの写真は「𤭯」という胴の部分に穴が開いた須恵器の壺なんだけど、少しずつ形が変わっているのが分かるよね。口の部分の作り方や、首の長さとバランス、表面の模様、底の形などがだんだん変化しているよ。物の形の変化から時代を考える方法を「編年」というよ。

なるほど。でもそれってすぐに分かることじゃないわよね。

たくさんの考古学者が人生をかけて研究した成果を基に今の考古学があるんだ。

考古学そのものも歴史の積み重ねなのね。

（島根県立八雲立つ風土記の丘学芸員・松宮加奈）

教えて！ ドッキー博士

質問 時代と年代って何か違うの？

時代というのは縄文時代、弥生時代のように文化の区切りもしくは、奈良時代・平安時代のように政治的な区切りによって分かりやすいように区切ったものなんだ。年代というのは、「5世紀」や「794年」、「2000年前」のように、数字で出てくるものだよ。

〈8〉どうして時代が分かるの？（中）

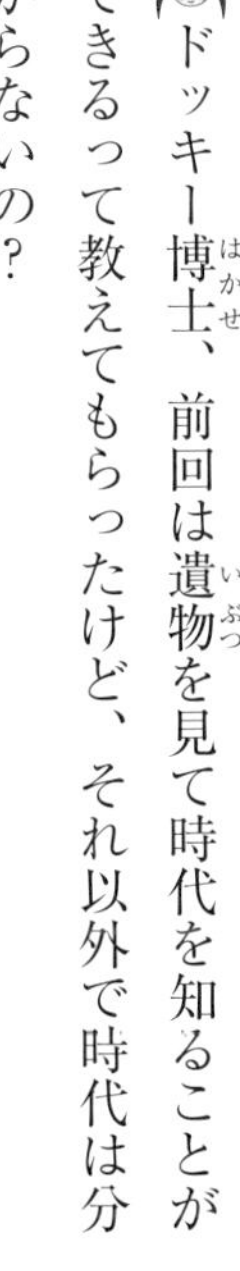

土の層　上の方ほど新しく

ドッキー博士、前回は遺物を見て時代を知ることができるって教えてもらったけど、それ以外で時代は分からないの？

時代ごとの土の層の違いが分かる一例＝松江市朝酌町のシコノ谷遺跡（島根県埋蔵文化財調査センター提供）

もちろん、遺物以外から時代を知る方法はいくつかあるよ。例えば、発掘調査の掘り方の説明の時に、遺跡は上が何層にも重なっているって言ったよね。

そういえば、そんなことも聞いたかも…。

土の層っていうのは、それまでの地面の上に新たな土が載って新しい地面ができることで層になるんだ。

つまり、重なっている遺跡は、上が新しい時代で、下が古いってこと？

そういうこと。恐竜なんかが出てくる地層だと地球の大きな力で層がねじ曲がって上と下が逆になってることもあるらしいけど、人間が生活をしていた土の層だったらそういうことは起きてないから、上が新しくて下に行くほど古くなっていくよ。

そもそも、どうして土の層ができるの？

いろいろな原因があるよ。例えば洪水でたくさんの土砂が流れてきて、それまでの地面を覆ってしまったり、人が地面をきれいにしようとして、それまでの地面の上に新しい土を盛ったり。砂が多かったり粘土が多かったりして全く同じ土というのはないからね。その違いが層として見えるんだ。

それで発掘調査の時に土の質や色の違いを見るのね。ということは、遺構も違う土が入るから、違う色になるってこと？

そのとおり。その違いを見れば、同じ面にある、重なり合っている遺構でも古い遺構と新しい遺構の区別がつくんだ。

同じ場所に家を建て直したりした時ってことね。

穴を掘って埋めて、そこをもう一度掘ると、前の穴は後の穴によって一部が削られてしまう。これを遺構の「切り合い」っていうんだけど、切り合い関係を見ていくことで、家を建て直したんだな、とかの歴史の流れが分かるんだ。

遺物がなくても何があったのか考えられるのね。

ただ、土層や遺構の切り合いから分かるのは、「どっちが新しくてどっちが古いのか」だけなんだ。遺物が見つかっていない遺構でも、その上や下の層から時代の分かる遺物が見つかれば、遺物が見つかっていなくてもおおよその時代を知ることができるんだ。

遺構と遺物を組み合わせて時代を考えるのね。

（島根県立八雲立つ風土記の丘学芸員・松宮加奈）

質問 発掘調査で恐竜の化石は出てこないの？

化石を探すことも発掘調査というけど、そもそも恐竜が生きていたのは人が生まれるよりもはるか昔。人の残したものからその時代の生活環境などを復元する「考古学」とは扱う時代やものが違うんだ。恐竜など古い時代の生物がどうであったかを研究するのは「古生物学」になるよ。

〈9〉どうして時代が分かるの？（下）

科学で木や骨の年代測定

昔の人が残した跡で時代が分かるって面白いわ。でも、遺物や遺構を見る以外では時代は分からないの？

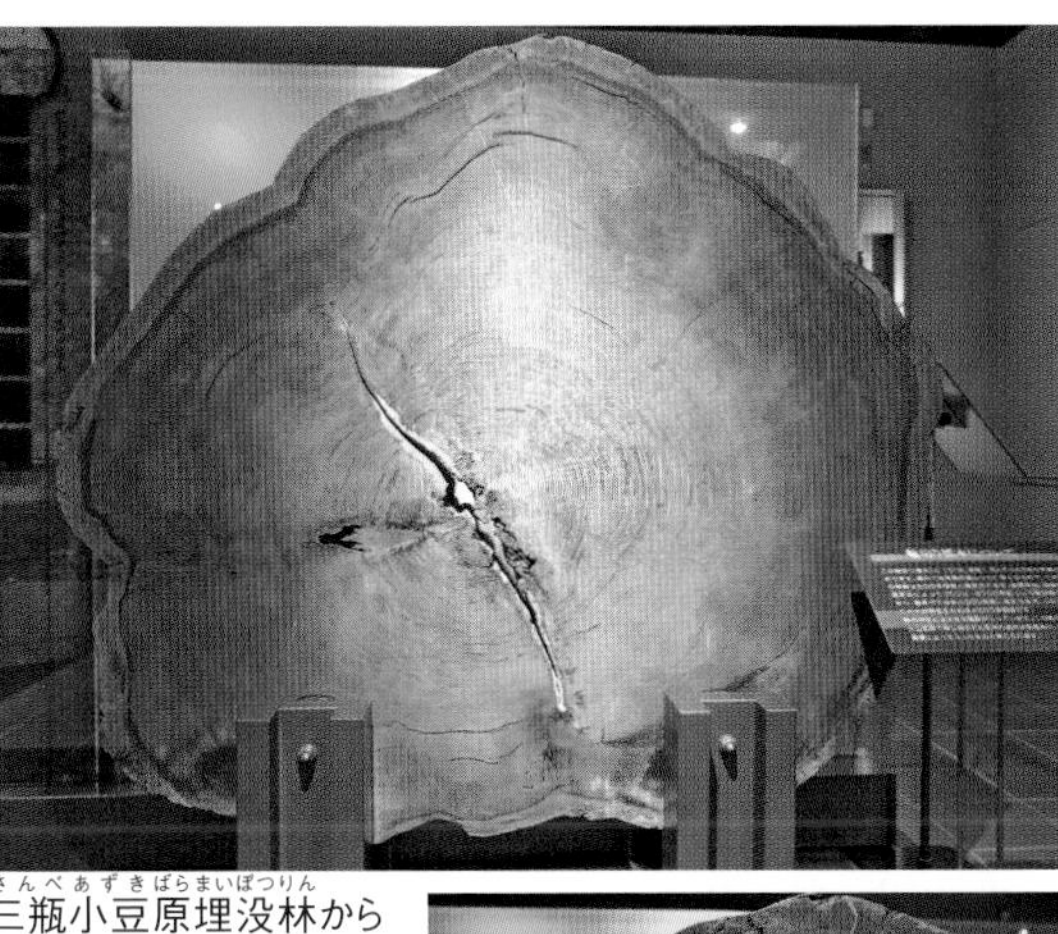

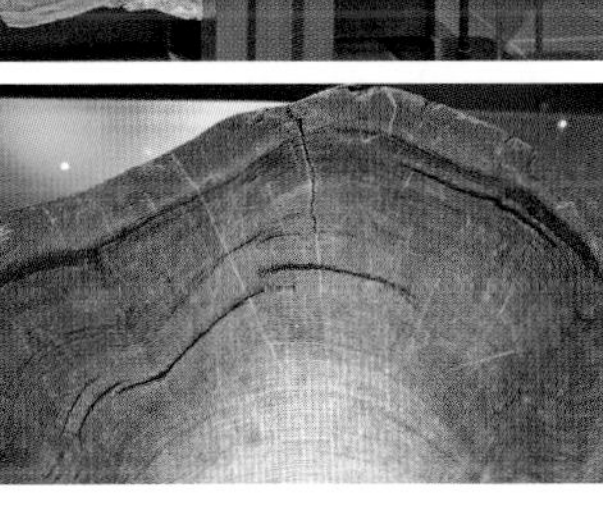

三瓶小豆原埋没林から出土し、約4500年～4000年前の約500年間の年輪が分かる縄文時代後期の杉と断面の拡大写真（右下）
（島根県立三瓶自然館サヒメル提供）

実は、科学の力を使うことで年代が分かることもあるんだ。

科学？　考古学は人の歴史を考えるんでしょう？

考古学は歴史を解明する学問だけど、科学の力も考えるための手段になるんだ。

どうやって科学を使うの？

例えば、「放射性炭素年代測定法」というのがあるよ。生物が死ぬと一定のペースで量が減っていく「炭素14」という原子があって、その量を測定するんだ。木や骨に含まれる炭素14の量を調べると、どれくらい前に死んだかが分かるんだ。

そんなことができるのね。

ただ、これは動物や植物じゃないと分からないんだ。

土器には使えないのね。

でも土器と一緒に出てきた木や骨を調べて年代が分かったら、その土器も大体同じくらいの時期だろうって考えられるよね。

なるほど。組み合わせて考えるのね。

他には、「年輪年代測定法」という方法があるよ。

年輪って木を横に切ったときに見える輪よね。1年に一つずつ増えるらしいけど、それを使うの？

そうだよ。年輪が気候の変化によって幅が広くなったり狭くなったりするのを利用して、木がいつ切られたのか、いつ死んだのかを知ることができるんだ。

木がいつ切られたかが分かるってことは、建物の跡に柱が残っていたらいつ建てられたのか分かるということね。

切られてすぐに使われたとは限らないし、別の所で使っていた柱を再利用した可能性もあるから、絶対この年に建てられたとは言えないけど、歴史を考えるときの大切な手がかりであることには変わりないよ。島根県では三瓶小豆原埋没林や鎌倉時代に建てられた出雲大社本殿の下に置かれていた杉材などが測定されているよ。

あと、「年縞」という湖の底に1年ごとに縞模様に重なっている層を数える方法もあるよ。層に含まれる火山灰などの成分から噴火が何年前にあったかが分かったりするんだ。有名なのは福井県にある水月湖で7万年分の層が積み重なっているよ。

歴史と科学って全く別のものだと思っていたけど、科学で歴史が分かることもあるのね。

歴史を知るためにはいろいろな方法を使うことが大切なんだ。

（島根県立八雲立つ風土記の丘学芸員・松宮加奈）

教えて！　ドッキー博士

質問　三瓶小豆原埋没林って何？

埋没林とは、火山活動や土石流によって地下に埋もれた森林のことだよ。三瓶小豆原埋没林は4千年前にあった三瓶山の噴火で埋もれた森林なんだ。国の天然記念物に指定されていて、三瓶小豆原埋没林公園（大田市三瓶町多根）で展示されているよ。

〈10〉科学で分かること

目で見えない文字や材質も

前回は科学で時代が分かるって教えてもらったけど、時代を知る以外にも科学って使えそうね。

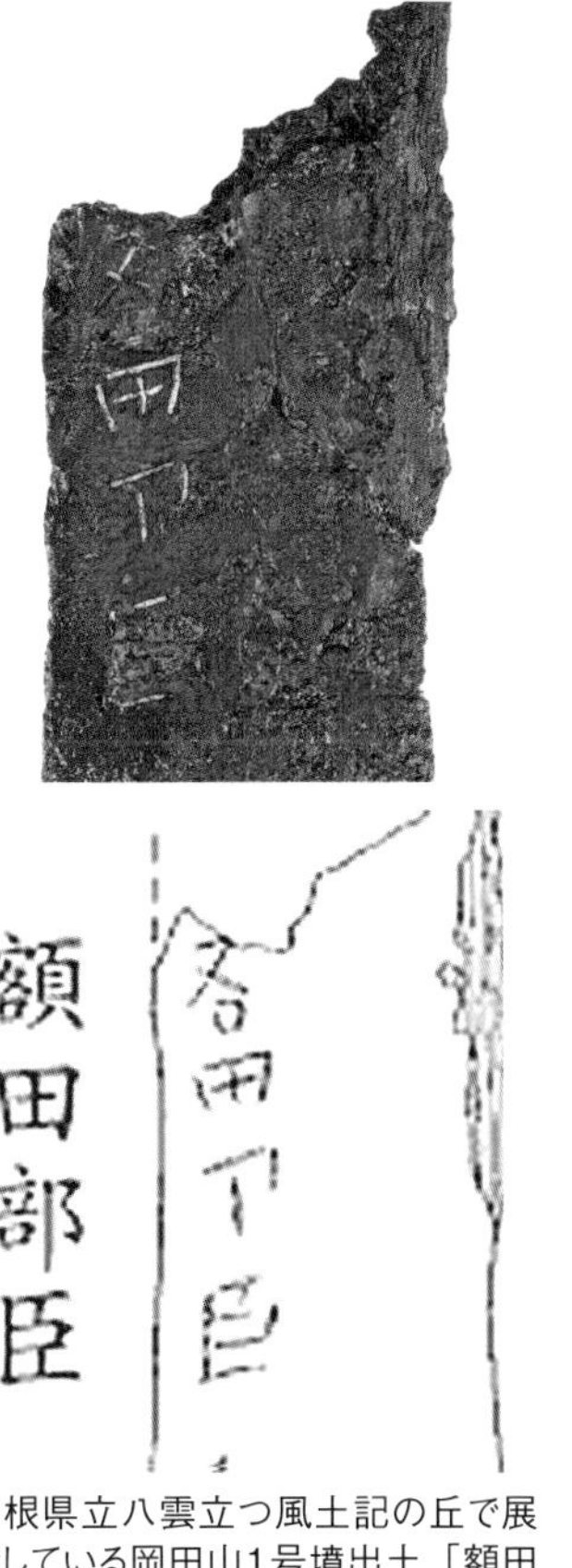

島根県立八雲立つ風土記の丘で展示している岡田山1号墳出土「額田部臣銘文入大刀」（右）と銘文部分の拡大写真（左上）＝六所神社所有（島根県古代文化センター提供）左下は図解（資料）

科学でいろいろなことが分かるからね。八雲立つ風土記の丘（松江市大庭町）にある岡田山1号墳だけでもたくさんの科学的調査が行われているよ。

どんな調査をしたの？

例えば、出土した金属製品にどんな金属を使っているか、見えない内側に何かないか、木製の遺物の木の種類や石室はどんな石を使っているか、などを調べたよ。

科学的調査って言ってもいろいろな調査があるのね。どんなことが分かったの？

岡田山1号墳の大刀は現在3本あるんだけど、さびに覆われている大刀をX線で見た結果、そのうちの1本から文字が見つかったんだ。

それが「額田部臣」の銘

文入大刀ね。展示室に入ってすぐの所にあるわ。

分かるだけで12文字が刻まれていたよ。X線撮影では、文字があるかだけじゃなくて、内部の構造まで分かったりするんだ。

レントゲン撮影で体の中を見るのと一緒ね。

また、柄（手で握るところ）の先端に象嵌模様が入っているんだけど、どんな素材かの調査の結果、銀を埋め込んで文様にしていたのが分かったよ。他にも金属製の耳飾なども材質が調査されていて、たくさんの銀のほかに銅、水銀や金が検出されたんだ。つまり、銅の環に銀をまきつけて水銀を使った金メッキを施しているって分かったんだ。

金色に見えても、全部金で作られているとは限らないのね。

目では判断できないことも分かるのが科学調査だね。木や石を顕微鏡で見て何の木か、どんな石で産地はどこかを調べることも目では難しいことだね。それに、科学調査のいいところは、方法によってだけど、モノを傷つけることなく調査ができるものもあるんだ。

銘文が分かったのもそのおかげね。

他には、どう保存するのがいいのかを考えることができるよね。銘文もどこにどう文字が入っているかが分かっていたから、さびを取り除いて文字を出すことができたし、どんな素材を使っているかが分かれば保存の時に気を付けることも分かるよね。

科学的に保存することもできるものね。

そうだね。薬剤でこれ以上の崩壊を止めたり、レプリカを作ったりするのにも科学の力を使うね。

科学で考古学がさらに面白く見えてきたわ。

（島根県立八雲立つ風土記の丘学芸員・松宮加奈）

教えて！ドッキー博士

質問　「額田部臣」ってどういう意味？

人の名前だよ。物資や人材を提供する額田部という一族（集団）をまとめる臣という称号を与えられたリーダー、という意味だね。

〈11〉遺跡を訪ねて①

原田遺跡（奥出雲町）旧石器時代の遺物大量出土

下山遺跡（飯南町）東北と関連うかがわす土偶

原田遺跡があった尾原ダム、下山遺跡があった志津見ダムの位置図

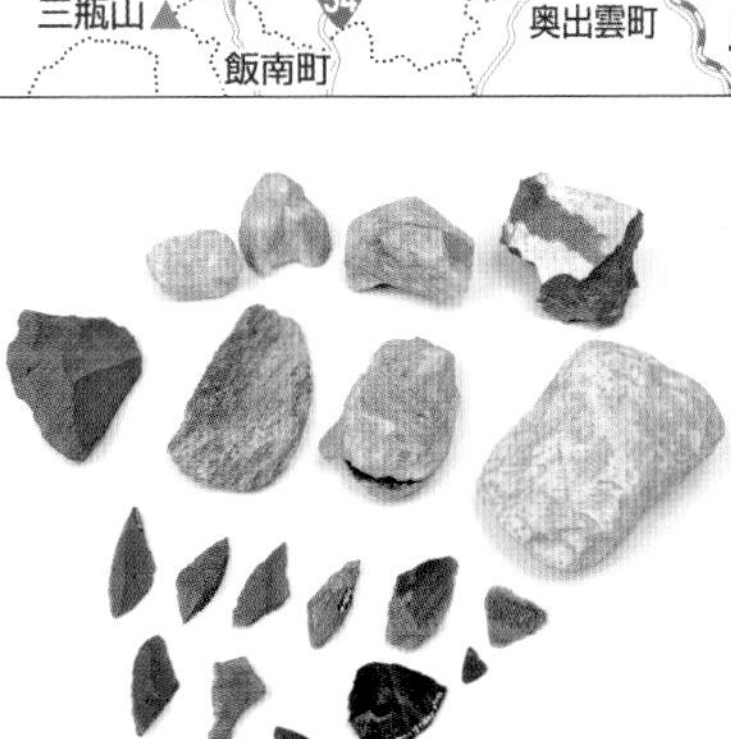

奥出雲町佐白の原田遺跡から出土した石器（島根県埋蔵文化財調査センター提供）

前回まで考古学のいろいろな基礎を学んだね。今回からは、実際の遺跡に行ってみよう！

どんな所に行くのか、わくわくするわ。

風ちゃんとドッキー博士は奥出雲町にやって来ました。

ねえドッキー博士、ここは湖のように見えるけど…。

ここはただの湖ではなくて、尾原ダムというダム湖なんだ。

ダムが遺跡なの？

この尾原ダムを造る時に、周りの発掘調査を行ったんだ。そこで見つかったのが原田遺跡だよ。

ダムの中に遺跡があるのね。博士、原田遺跡ってどんな遺跡なの？

島根県内でも有数の旧石器時代の遺跡だよ。旧石器時代とは人類が日本にやってきてから約1万6千年前に縄文時代が始まるまでの時代のことで、原田遺跡では約3万年前から1万4千年前までの長い期間にわたる石器がまとまって出土したんだ。これまで、島根県では旧石器時代の遺物は他の時代の遺物に紛れて一緒に出土することが多かったんだ。けれど、原田遺跡が見つかったことで、島根県の旧石器時代の人々がどんな石器を作っていたか細かく分かるようになったんだ。

そんなに大昔にも、島根には人が住んでいたのね。

原田遺跡の石器はまだまだ分かっていないことが多いから、これから研究が進んでいくと思うよ。

次に2人は飯南町にやって来ました。

博士、また湖があるわ。

今度はこの志津見ダムにある下山遺跡だよ。主に縄文時代の遺構が見つかっているんだけど、こんなものが見つかったんだ。

飯南町角井の下山遺跡から出土した「屈折像土偶」。奥に見えるのが復元模型（島根県埋蔵文化財調査センター提供）

これは人形の体かしら？

これは、土偶の一部だよ。土偶は縄文時代の人々がお祈りに使った土の人形だけど、下山遺跡から見つかった土偶は、東北の縄文遺跡で見つかった土偶とよく似ているんだ。

つまり、東北地方から人がやって来てたってこと？

東北地方から人がやって来たのか、それとも土偶だけが人々の手を渡って島根までやってきたのか、それはまだ分からないんだ。でも、縄文時代から東北地方とのつながりがあったことはうかがえるよね。

すごく壮大な話ね。

（島根県立八雲立つ風土記の丘学芸員・今井智恵）

行ってみよう

原田遺跡と下山遺跡は、実際の遺構を見ることができないけれど、島根県立古代歴史博物館（出雲市大社町）で石器や土偶を展示しているから、ぜひ見に行ってみてね。

〈12〉遺跡を訪ねて②

荒神谷遺跡（出雲市斐川町）銅剣最多の358本など出土

加茂岩倉遺跡（雲南市加茂町）39個の銅鐸なぜ埋めた？

前回は旧石器時代と縄文時代の遺跡を見たね。今回は弥生時代の遺跡を見に行くよ。

加茂岩倉遺跡と荒神谷遺跡の位置図

1984年に358本もの銅剣が出土した荒神谷遺跡の現場（島根県埋蔵文化財調査センター提供）

ここは荒神谷遺跡（出雲市斐川町神庭）ね。斜面に銅剣がいっぱい並んでいるわ。ここは全国でも有名な遺跡なのよね？

そうだね。荒神谷遺跡からは銅剣358本、銅鐸6個、銅矛16本が一つの遺跡から出土したんだ。発掘が行われた昭和59（1984）年まで、日本全体で発見されていた銅剣は300本余りだったから、一つの遺跡でその数を超えたということで、とても大きな話題になったんだ。

そんなにすごいことだったのね。でも、そもそも銅剣って何なのかしら？

銅剣は元々中国大陸や朝鮮半島で武器として使われていたんだ。日本に渡ってきてからお祭りの道具に変化して、主に九州や中国・四国地方に広まったんだ。銅矛と銅鐸もお祭りの道具として使用され、銅矛は主に九州で、銅鐸は近畿地方で使われていたと考えられているよ。

どんなお祭りだったの？

弥生時代は日本で稲作が始まった時代な

んだ。人々は稲がよく実るように祈っていたんだよ。

2人は、荒神谷遺跡から東南3.4キロ離れた雲南市加茂町にやってきました。

加茂町と言えば加茂岩倉遺跡ね！　土の上に銅鐸がいっぱい見えるわ。ここも全国的にとても有名な遺跡ね。

加茂岩倉遺跡の発掘地点に展示されている銅鐸の複製品

そうだね。加茂岩倉遺跡では、発見された当時の様子を復元しているんだ。では、加茂岩倉遺跡はなぜ有名なのかな？

たくさんの銅鐸が出土したからよね。

そのとおり。加茂岩倉遺跡からは39個の銅鐸が出土したんだ。一つの遺跡から出土した銅鐸の数としては日本最多なんだよ。

なぜ、そんなにたくさんの銅鐸が見つかったの？

それについてはまだ分からないことも多いけれど、一説には人々が行っていたお祭りの方法が変わり、銅鐸を使ったお祭りをしなくなってしまったから埋めたのではないか、といわれているんだ。

時代が変わるとお祭りの方法も変わってしまうのね。

（島根県立八雲立つ風土記の丘学芸員・今井智恵）

行ってみよう

荒神谷遺跡と加茂岩倉遺跡は、近くに博物館やガイダンス施設があるから、ぜひ実際の遺跡を見に行ってみてね。出土した銅剣や銅鐸は現在、島根県立古代出雲歴史博物館（出雲市大社町）で展示しているよ。

〈13〉遺跡を訪ねて③

田和山遺跡（松江市乃白町）

構造不思議 環壕の外に集落

風ちゃんとドッキー博士は松江市乃白町にある田和山遺跡に来ています。

田和山遺跡は弥生時代前期の末から中期（紀元前3世紀～紀元後1世紀初め）にかけての遺跡だよ。

島根半島や宍道湖がよく見える景色のいい所にあるのね。それに、山頂の周りに大きな溝が3本もあるわ。

その3重のぐるりと巡った溝（環壕）が田和山遺跡では重要なんだ。

弥生時代って、稲作が日本に

3重の環壕がある松江市の田和山遺跡

田和山遺跡の山頂に巡らされた環壕のイメージ図

田和山遺跡位置図

入ってきて、土地や水の利用を巡って争いが起こるようになったという時代よね。村を守るためにつくられた溝ということかしら。

確かに、弥生時代は争いが増えて、人が住む住居を環壕で囲った集落（環壕集落）も各地で見つかっているね。でも、この田和山遺跡はどうも違うみたいなんだ。周りをよく見て。発掘調査で見つかった遺構の場所に建物が復元してあるよ。

あれ？　そういえば溝の外に住居があるのね。

田和山遺跡は他の環壕集落と違って、環壕の内側には、5本柱の跡と塀のような柱跡と一緒に見つかった9本柱の跡しか見つかっていないんだ。人が住んでいたらしい集落は環壕の外にあるんだよ。これは他に例のない、不思議な構造をしているんだ。

いったい何を守りたかったのかしら。

田和山遺跡からは刃を研いでいない石剣や土玉など祭祀に使われたと思われる遺物がいろいろ見つかっているよ。山頂は集落を守護する神聖な空間だという考えがあって、それを3重の環壕で厳重に囲んで守っていたのかもしれないね。

なるほど。お祭りの場所だったかもしれないのね。

田和山遺跡は約300年間続いた遺跡なんだけど、その終わりは加茂岩倉遺跡や荒神谷遺跡に大量の青銅器が埋められたのと同じくらいの時期なんだ。この後、出雲では大きな墳丘墓がつくられるようになるから、出雲で社会の仕組みが大きく変わる何かがあったのかもしれないね。

田和山遺跡の謎が分かれば、古代の出雲の社会の変化が分かるかもしれないのね。

（島根県立八雲立つ風土記の丘学芸員・松宮加奈）

行ってみよう

田和山遺跡は国の史跡に指定されていて、田和山史跡公園として整備されているよ。山頂に立って約2千年前の弥生人が見た景色を体感してみよう。

〈14〉遺跡を訪ねて④

順庵原1号墓（邑南町）
初の四隅突出型墳丘墓発見

初めての四隅突出型墳丘墓発見となった順庵原1号墓（島根県邑南町教育委員会提供）

順庵原1号墓から出土した土器片（筆者撮影）

2人は島根県邑南町下田所に来ています。

そばに国道が走っているけれど、ここは何の遺跡なの？

ここは1969年に発見された順庵原1号墓（墳）という弥生時代のお墓だよ。風ちゃんは「四隅突出型墳丘墓」って聞いたことあるかな？

確か、山陰でよく見られるお墓の形…だったかしら？

そうだね。「四隅突出型墳丘墓」というのは、四隅が突き出た四角形のお墓なんだ。弥生時代中期になると、稲作が広がり、土地や水の利用を巡って争いが起こるようになり、集落をまとめるリーダーが現れるんだ。そうした有力者とその家族は「墳丘墓」と呼ばれる、土を盛ったお墓を造るようになるんだ。

古墳とは何が違うの？

「墳丘墓」は九州・瀬戸内・山陰など地域ごとに違

邑南町
261
道の駅「瑞穂」
邑南町役場瑞穂支所
瑞穂中学校
邑南町郷土館
順庵原1号墓
N

う特徴を持っているのに対して、前方後円墳に代表される同じ規格のお墓が全国で造られるのが古墳の特徴なんだ。

家族のお墓っていうと現代のお墓と同じように見えるけど、ずいぶん違うのね。

四隅突出型墳丘墓は弥生時代後期に入ると、出雲を中心として、石見や伯耆、因幡、北陸地方で盛んに造られるんだ。

山陰を中心として、同じ形のお墓が造られていたってこと？

その通り。「四隅突出型墳丘墓」を造っていた地域は、お互いに交流があったんじゃないかって考えられているんだ。そして、四隅突出型墳丘墓として最初に発見されたのが、順庵原1号墓なんだよ。

ここから研究が始まったのね！

順庵原1号墓の発見の後、各地で同じ形の墳丘墓が発見されるようになり、今では100基以上見つかっているよ。例えば、出雲市の西谷3号墓では吉備の土器が供えられており、弥生時代後期にこの地域を治めていた首長が吉備の首長と密接な関係を持っていたことが分かったんだ。

四隅突出型墳丘墓って、弥生時代から古墳時代へと日本社会が大きく変化していく様子を考えるのに、とても重要な遺跡なのね。

でも、当時の日本がどのように変化していったのか、分からない部分もまだまだ多いんだ。

これからも調べないといけないことが多いみたいね。

（島根県立八雲立つ風土記の丘学芸員・今井智恵）

行ってみよう

順庵原1号墓は島根県邑南町下田所の道の駅瑞穂前を通る国道261号線すぐそばに保存されているよ。出土した土器などは邑南町郷土館（同町下亀谷）で展示されているので、ぜひ見に行ってね。

〈15〉遺跡を訪ねて⑤

荒島墳墓群（安来市荒島町）見られる時代の移り変わり

古代出雲王陵の丘造山公園として整備されている造山古墳群（安来市教育委員会提供）

上空から見た、古墳時代初期に造られた塩津山1号墳（安来市教育委員会提供）

主な荒島墳墓群位置図

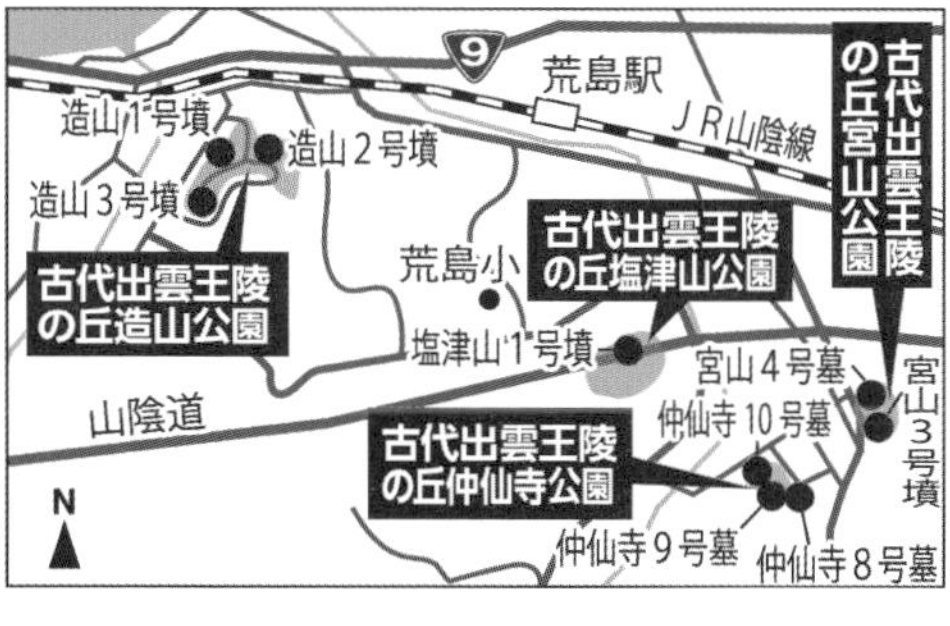

前回順庵原1号墓で弥生時代後期の墳丘墓について学んだね。今回は、弥生時代から古墳時代への社会の移り変わりが見られる、安来市荒島町に来ているよ。

どうしてここで時代の移り変わりが分かるの？

荒島町には弥生時代後期から古墳時代にかけての墳丘墓や古墳がたくさん造られているんだ。弥生時代から古墳時代へという、日本の歴史の中でも大きな転換点で、地方がどんな様子だったのかを知ることができる貴重な場所なんだ。

弥生時代は日本で稲作が始まった時代で、集落のリーダーが現れるようになるのよね？

そうだね。そして、古墳時代に入

ると、各地のリーダーの中から、地域の代表が選ばれるようになるんだ。これを首長と呼ぶよ。各地の首長は大和（現在の奈良県）の首長を中心としてだんだんとまとまっていったんだ。その中で、前方後円墳を代表とする同じ規格のお墓（古墳）を造るようになったから古墳時代と呼ぶんだ。荒島墳墓群では弥生時代後期に仲仙寺9、10号墓、安養寺1、3号墓、宮山4号墓、塩津山6、10号墓と次々と墳丘墓が造られるんだ。

一つの地域の中でこんなに墳丘墓が造られていたのね。

前回紹介した西谷墳墓群（出雲市）も同じ時期に造られていたから、出雲地方の西と東に大きな勢力があったことが分かるね。だけど、古墳時代に入ると西谷墳墓群の周りでは古墳は造られなくなるのに対して、荒島墳墓群では続けて古墳群が造られているんだ。

荒島の首長は古墳時代になっても地域の中心だったのね。

荒島の古墳は方墳であることが特徴だけど、大成古墳や造山1号墳では三角縁神獣鏡が出土しているんだ。この鏡は大和の古墳からもたくさん出土していて、荒島の首長が大和とつながりを持っていたことが分かるよ。また、塩津山1号墳では方墳だけど突出したような隅を持つなど、四隅突出型墳丘墓のような特徴を持っているんだ。

弥生時代に造られていたお墓の特徴が引き継がれているのね。

1600年前に日本が国としてまとまっていく中で、出雲の人々が弥生時代の特徴を受け継ぎながら古墳を取り入れていたことがうかがえるよ。

（島根県立八雲立つ風土記の丘学芸員・今井智恵）

行ってみよう

荒島墳墓群はＪＲ荒島駅南側2キロメートルの範囲に広がっているよ。国道9号に近い造山、山陰道が通る塩津山、県道広瀬荒島線沿いにある宮山の各墳墓群は「古代出雲王陵の丘公園」として整備。ウオーキングコースもあるから、ぜひ歩いてみてね。

〈16〉遺跡を訪ねて⑥

山代二子塚古墳（松江市山代町）

県内最長94メートルの前方後方墳

風ちゃんとドッキー博士は、島根県立八雲立つ風土記の丘から北へ約1.5キロの所にある松江市山代町の山代二子塚古墳にやってきました。

山代二子塚古墳はドッキー博士が出土した古墳ね。登ってみると四角形と台形がくっついた前方後方墳だってことがよくわかるわ。

6世紀後半に造られた、全長94メートル、周りの堤も含めると約150メートルの島根県最大の古墳だよ。大正14（1925）年に郷土史家の野津左馬之助（1867〜1943年）という人によって日本で初めて「前方後方墳」という呼び名が使われた古墳でもあるんだ。

そういえば、古墳時代の人がこの形

土層が見学できる山代二子塚古墳の内部。ひかれている線はレーダー探査で石室らしい反応があった位置をしめしている

完成当時の山代二子塚古墳を描いた復元予想図

山代二子塚古墳位置図

を前方後方墳と呼んだわけではないのよね。

考古学で使われる名前の多くは昔の人が使っていた名前ではなくて、後の時代の人がこれはこういう名前で呼ぼうと決めたものだからね。その意味でも、考古学の歴史の中で重要な古墳なんだ。

そういえば、この古墳は盛土の土層が見られる珍しい古墳でもあるのよね。

山代二子塚古墳は明治時代に後方部(四角形の部分)が半分くらい削られてしまったんだけど、現在は整備してその断面を観察できるようにしてあるんだ。

昔の人が運んだ黒い土と黄色い土が交互に重なっているのね。

古墳内部に水が入らないように、崩れにくくするために違う土を交互に盛って突き固めたのがよくわかるね。

ねえ、博士。土層に白い枠があるのはなに？

山代二子塚古墳は石室の発掘調査はされていないんだけど、地中のレーダー探査をしたら白い線の向こうに高さ4.5メートル、全長10メートルくらいの石室があるらしいことがわかったんだ。

古墳も大きいけど石室も大きいのね。それだけ強い力を持った首長のお墓ということかしら。

古墳時代後期に出雲地方東部を治めた大首長のお墓だと考えられているよ。このすぐ近くには大庭鶏塚古墳・山代方墳という大型の古墳も造られていて、代々の大首長が葬られた出雲版「王家の谷」というにふさわしい古墳群となっているんだ。

いろいろな意味で重要な古墳なのね。そういえば、出雲東部の大首長ということは、出雲西部は違うのかしら。

実は出雲西部（出雲市周辺）は別の勢力が支配していたと考えられているんだ。

（島根県立八雲立つ風土記の丘学芸員・松宮加奈）

行ってみよう

山代二子塚古墳の横には「ガイダンス山代の郷」という見学拠点があるよ。大庭鶏塚古墳や山代方墳も歩いて見に行ける距離にあるから、周辺の古墳や遺跡を探しながら歩いてみてね。

〈17〉遺跡を訪ねて⑦

今市大念寺古墳（出雲市今市町）
長さ3.3メートル 国内最大級の家形石棺

上の部分が屋根の形をした家形石棺としては国内最大級の今市大念寺古墳の石棺（出雲弥生の森博物館提供）

風ちゃんとドッキー博士の2人は、出雲市今市町の大念寺にやってきました。

お寺の裏に山があるけれど、ここが今市大念寺古墳？

そう。大念寺の後ろにある山全体が一つの古墳なんだ。

松江市の山代二子塚古墳もとても大きかったけれど、ここも大きいわ。

今市大念寺古墳位置図

そうだね。今市大念寺古墳は山代二子塚古墳と同じ6世紀後半に造られた全長92メートルと県内最大級の前方後円墳だよ。この古墳で一番の特徴は石室なんだ。さあ、入ってみよう。

ここが今市大念寺古墳の石室ね。

風ちゃんが入ってもまだ余裕がある大きな四角い石、何だと思う？

うーん、何かしら？　横に長くて、上が屋根の形をしているわ。それに横に大きな四角い穴も開いているし。

実はね、これは亡くなった人を収めた石の棺（石棺）なんだよ。

え！　こんなに大きな石が石棺なの？

そうだよ。今市大念寺古墳の石棺は長さが3.3メートルある国内最大級の家形石棺なんだ。

家形石棺って？

その名の通り家の形をした石棺だよ。蓋が屋根のような形をしているんだ。

これだけの石棺を作れたってことは、埋葬された人は出雲で大きな力を持った人だったのね。

そうだね。山代二子塚古墳では黒と茶の2色の土を交互に重ねて崩れないように造られていたように、今市大念寺古墳も同じ技術で造られているんだ。この技術は当時の最先端の土木技術で、大陸から伝わったんだ。畿内（現在の奈良県、大阪府周辺）や北九州でも使われていたんだよ。

へえ、大陸から伝わったの？

6世紀の日本には、大陸からいろいろな技術を持った人がたくさん来て、最先端の技術を伝えてくれたんだ。出雲の人々はそういった技術を使って土手や堤を造り、農業用水を確保し、農地を広げていったんだ。

そうして広がった土地が、出雲を豊かにして、これだけ大きな石棺を作れたのね。

でも、7世紀に入ると、古墳の大きさも小さくなり、時代は飛鳥時代へと移っていくんだ。

（島根県立八雲立つ風土記の丘学芸員・今井智恵）

行ってみよう

出雲市今市町の今市大念寺古墳は、一畑電車の出雲科学館パークタウン前駅から北西に約400メートルの所にあるよ。大念寺の墓地内に石室入り口があるから、ぜひ入ってみてね！

〈18〉遺跡を訪ねて⑧

出雲国分寺跡（松江市竹矢町）

聖武天皇の命令で建った寺院

風ちゃんとドッキー博士は松江市竹矢町の出雲国分寺跡にやってきました。

出雲国分寺というのは、東に400メートルのところにあった出雲国分尼寺とともに、天平13（741）年に出された、聖武天皇の「国分寺建立の詔」という命令によって各国に建てられたお寺の一つなんだ。当時の日本には約60の国があって、島根県内でも出雲国、石見国、隠岐国それぞれに国分寺と国分尼寺が建てられたよ。

聖武天皇といえば、仏教の力で国を守ろうと、奈良の大仏を造らせた天皇よね。

奈良の大仏がある東大寺は大和国（今の奈良県）の国分寺であり、全国の国分寺の中心である総国分寺でもあったんだ

上空から南方向に望む出雲国分寺跡。手前から縦に並んで見える長方形の部分が基壇で、写真上部中央の直線が天平古道

奈良時代の出雲国分寺を復元した模型（写真はいずれも島根県立八雲立つ風土記の丘提供）

出雲国分寺跡・出雲国府跡位置図

よ。ちなみに、総国分尼寺は奈良市に現在もある法華寺というお寺だよ。

出雲の国分寺や国分尼寺はもうなくなってしまったのね。

出雲国分尼寺は住宅地に、国分寺は国の史跡に指定されて公園として整備されているよ。

そういえば、石を積んだ長方形の段がいくつも並んでいるわ。上には大きな石が埋まっているのね。

四角い段は「基壇」といって建物を建てる時の基礎となるものだよ。上に埋め込まれている大きな石は建物の柱を支える礎石なんだ。

基壇が造られた上に大きな礎石を使った立派な建物があったのね。

発掘調査で、南から南門、中門、仏像を安置する金堂、講義や説法をする講堂、僧の住む僧坊が一直線に並んでいて、ほかに回廊や塔があったことも分かっているんだ。お寺の範囲も南北約180メートル、東西は約200メートルと、現在の公園より広かったと考えられているんだ。南門からまっすぐ南に向かう幅4メートルの天平古道という石敷きの道も見つかっているよ。

たくさんの大きな建物とそこに向かう立派な道があったのね。

国分寺の南西1.3キロにあるのが出雲国府跡（松江市大草町）だよ。

ずいぶん前に一緒に行った遺跡ね。たしか、出雲国の政治が行われた、今でいう県庁のようなところだったかしら。

よく覚えていたね。政治の中心となる国府や仏教の中心となる国分寺、国分尼寺があったこの周辺は、奈良時代・平安時代の出雲国の中心として重要な地域だったんだ。

（島根県立八雲立つ風土記の丘学芸員・松宮加奈）

行ってみよう

史跡公園になっている出雲国分寺跡では、当時の建物の跡を見ることができるよ。国分尼寺跡は住宅地のなかに看板があるよ。瓦などの遺物は八雲立つ風土記の丘で展示しているよ。

〈19〉遺跡を訪ねて⑨

隠岐国分寺（隠岐の島町）

金堂に特殊工法使った柱跡も

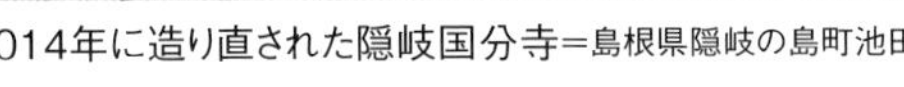
2014年に造り直された隠岐国分寺＝島根県隠岐の島町池田

発掘調査で発見された瓦を巻いた柱の跡（島根県隠岐の島町教育委員会提供）

風ちゃんとドッキー博士は、島根県隠岐の島町池田にある隠岐国分寺にやってきました。

前回は出雲国分寺跡に行ったね。今回は隠岐国分寺にきたよ。

奈良時代に聖武天皇が、全国に造らせた国分寺のうち隠岐国に造られたお寺ね。出雲国分寺は史跡公園になっていて建物の跡があったけど、隠岐国分寺にはお堂があるわ。

ここに立つ今の隠岐国分寺は、聖武天皇の命令で造られた「隠岐国分寺」の後に続く寺院にあたるお寺だよ。国分寺の名前が今も残る数少ないお寺なんだ。古代の隠岐国分寺もこの場所に造られていたことが分かっているよ。発掘調査の結果、金堂の廂に使われたとみられる柱は礎石を使わない、土を掘ったところに柱を立てて周りを埋める掘立柱で造

られていたことが分かっているよ。その柱の根元を瓦で丁寧に巻いて造るという特殊な工法が使われていたんだ。

柱が腐るのを防いでいたのかしらね。

また、平野にある出雲国分寺とは違って、平地の少ない隠岐では丘陵の麓に造られていて、建物が一直線に並ばないなど、他とは異なる可能性があるんだ。詳しくは今後の調査で分かってくると思うよ。

地形を工夫して造られていた可能性があるのね。

隠岐国分寺の長い歴史の中では、戦いに負けて隠岐に流された後醍醐天皇がここに住んでいたともいわれているよ。多くの国分寺が平安時代から後に姿を消していく中、隠岐国分寺は明治時代まで残り続けていたことが分かっているんだ。

長い歴史を見守ってきたのね。でも、とても新しそうな本堂ね。

実は2007年に火事で焼けてしまったんだ。でも、14年に地域の人々の力で造り直されたのがこの本堂なんだよ。

みんなで守ってきたお寺なのね。

守られてきたのはお寺だけじゃないよ。隠岐国分寺で毎年4月21日に行われる蓮華会舞は奈良・平安時代に中国や朝鮮から伝わった芸能とされるものなんだ。国の重要無形民俗文化財に指定されているよ。

お面をつけて舞ったりするものよね。古い芸能が今も行われているなんて驚きだわ。

隠岐は国分寺や蓮華会舞以外にも古いものがたくさん残っている地域なんだ。それは隠岐が離島で本州と離れた場所にあることも関係しているだろうね。

隠岐は離島だからこそ古いものが残ったともいえるのね。

遺跡を見るときは周りの地形や環境も一緒に考えてみると新しい発見があるよ。

（島根県立八雲立つ風土記の丘学芸員・松宮加奈）

行ってみよう

隠岐国分寺の境内は国の史跡に指定されているよ。近くには後醍醐天皇の住まいがあったことを示す「後醍醐天皇行在所阯」の碑もあるよ。

〈20〉遺跡を訪ねて⑩

出雲大社境内遺跡（出雲市大社町）
社の巨大さ裏付けた心御柱

きょうは出雲大社（出雲市大社町杵築東）にやってきたわ。けど、ここに遺跡があるの？

そうなんだ。風ちゃん、足元を見て。

あら、地面に丸い模様が書いてあるわ。何かしら？

実はここが遺跡なんだよ。2000年、出雲大社の拝殿改修のため、八足門前を発掘調査したところ、巨大な柱が発見されたんだ。

巨大な柱？

実際に見てみよう。

2人は境内にある宝物館にやってきました。

2000年に出雲大社八足門前から出土した心御柱＝現地説明会の時、宍道正年撮影

巨大柱が出土した跡が円でしるされた八足門前。円が心御柱のあった場所＝出雲大社境内、宍道正年撮影

出雲大社境内遺跡所在地

わあ、とても大きな木ね！　それも3本も！

これが出雲大社の地下から出土した柱だよ。心御柱と呼ばれるこの柱は1本の木が直径1メートル以上、3本束ねると約3メートルにもなるんだ。平安時代、都では「口遊」が子ども向けの教材として使用されていたんだ。その中で「雲太、和二、京三」と言って、当時日本で大きな建物ベスト3を紹介しているんだ。京三は京都御所、和二は奈良（大和）の大仏殿、そして雲太は出雲大社を指しているんだよ。

え！　平安時代の出雲大社って奈良の大仏殿より大きかったの？　信じられないわ！

そう。約20年前まで、多くの人々が口遊の内容を信じてはいなかったんだ。伝承としては残っていたんだけど、実際に当時の出雲大社の大きさを示す資料があまり残っていなかったからね。けれども2000年、この話を裏付けるような大変な発見があったんだ。

それがこの大きな柱なのね？

そう。3本の巨大な杉の木を金輪で締めて、1本の巨大な柱としているんだ。

こんなに太い柱を使うなんて、本当に古代の出雲大社は大きかったのね。

実際にはこの柱は鎌倉時代の柱だから、平安時代の建物ではないけれど、古代の出雲大社の様子を想像することができるよね。

そうね。鎌倉時代でこれだけ大きいのだから、平安時代の出雲大社はこの柱よりもっと大きかったのかしら。

今後新たな資料が見つかれば、この柱より古い時代の様子も分かるようになるかもしれないね。

（島根県立八雲立つ風土記の丘学芸員・今井智恵）

行ってみよう

出雲大社境内遺跡から出土した3本の心御柱は
ふだん、出雲大社の宝物館で公開されているよ。

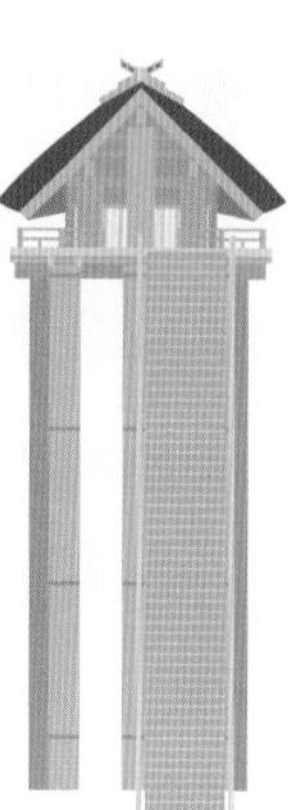

三宅御土居跡（益田市三宅町）
石見地方治めた益田氏の拠点

風ちゃんとドッキー博士は、益田市の三宅御土居跡にやってきました。

益田市は中世の風情を残す町って聞いたことがあるわ。

益田は平安時代から戦国時代にかけて益田氏が治め、海洋交易などによって栄えた町なんだ。その中心となったのがここ、三宅御土居跡だよ。

なぜ益田だったのかしら？

「おどい広場」として整備されている益田市三宅町の三宅御土居跡（上）＝筆者撮影＝と三宅御土居想像図（イラスト：香川元太郎、益田市教育委員会提供）

三宅御土居所在地

益田氏は元々平安時代の石見国司として都から浜田に赴任してきた藤原氏が始まりで、平安時代末期に入るとその土地の

有力者となるんだ。鎌倉時代初期には石見国の3分の1を支配していたんだよ。

石見国で強い力を持った一族だったのね。

4代当主兼高の時、平地の少ない浜田から、平地が多く港に適した湾を持つ益田に移り住んで益田氏を名乗るんだ。南北朝時代には拠点となる七尾城と、普段の生活をするための屋敷（居館）として三宅御土居が築かれたんだ。

じゃあ、益田のお殿様はここで普段生活していたのね。

そうなんだ。近年の発掘調査によって、益田氏の居館が築かれる前から、この地域の拠点があったようなんだ。およそ12世紀から1600年の関ケ原の戦いに負けて長門国須佐（山口県萩市須佐）へ移るまでの約400年間、途中、七尾城に移り住んだ時期もあるけど、益田氏がここで暮らしていたんだよ。

そんなに長く住んでたのね。ここは益田氏にとって、とても大事な場所だったのね。そういえば、東側に見える高い丘は何かしら？

あれは土塁だよ。土を高く盛って、敵の侵入を防ぐためのものだよ。三宅御土居は東西に高く長い土塁と南北に幅10メートル以上の大きな堀と川を巡らせてあったらしいんだ。

屋敷の周りをとても厳重に守り固めていたのね。

また、三宅御土居跡は安土桃山時代以前の図面が残っているんだ。発掘調査をしてみると、その図面に合うように遺構が出てきたんだよ。

中世の建物跡がこの下に眠っているのね。これだけのお屋敷を建てるなんて、益田氏ってすごかったのね。

（島根県立八雲立つ風土記の丘学芸員・今井智恵）

行ってみよう

三宅御土居跡は、JR益田駅から東へ2.5キロの益田市三宅町にあり、現在は「おどい広場」として整備されているよ。中世益田氏や発掘調査で分かった成果などを紹介するパネルがあるよ。

〈22〉遺跡を訪ねて⑫

七尾城跡（益田市七尾町）

庭も備えた立派な瓦ぶき山城

七尾城と城下町の想像図（イラスト：香川元太郎、益田市教育委員会提供）

七尾城跡から望む益田平野＝高屋茂男氏撮影

風ちゃんとドッキー博士は、益田市の三宅御土居跡から東へ約900メートル離れた七尾城跡へ来ました。

わあ、とても見晴らしがいいわね。

城の本丸跡からは益田平野が一望できるんだ。

遠くに見えるのは日本海ね。ここからなら海を行き来する船もよく見えそう。

そうだね。七尾城は南北朝時代には既に築城されていたんだけど、現在見えている本丸跡や曲輪（平らになった場所）跡が整備されるのはもっと後、16世紀半ばの益田氏19代当主藤兼の時なんだ。

16世紀というと戦国時代ね。

藤兼は最初、周防国（山口県）領主大内氏の重臣・陶氏の味方だったんだけ

七尾城跡所在地

ど、陶氏が安芸国（広島県）の毛利氏に敗れたことで窮地に立たされるんだ。そこで、毛利氏の侵攻に備えるために元々あった七尾城を整備したんだ。

この場所もその時に造られたのね。

山の尾根を切り開いて曲輪や堀などが造られていて、標高118メートル、全長600メートル以上になるんだ。

とても広いのね。

また、近年発掘された本丸や二の段からは御殿と考えられる礎石建物や櫓門と考えられる瓦ぶき建物が見つかっているんだ。

お城に瓦のある建物があると何がすごいの？

普通、戦国時代の山城と呼ばれる城は住宅としての機能より、見張りや拠点としての機能が大事なんだ。だから、板をふいた掘立柱の簡単な建物が多いんだよ。けれども、七尾城では瓦ぶきの立派な礎石建物の他に、二の段では庭園跡も見つかっているんだ。

お庭もあったのね。まるでお屋敷みたい。

そう。七尾城では他にも中国や朝鮮半島から輸入した高級な陶磁器が出土していて、お屋敷の中で宴や儀式を行っていたことが分かるんだ。

お城での暮らしぶりが分かるのね。

他にも、益田市には水墨画で有名な雪舟の作品が多く残されているんだ。実は、彼を益田に呼んだのは15代当主兼尭という人で、益田氏は益田に今も続く豊かな文化を築いた人々でもあったんだよ。

（島根県立八雲立つ風土記の丘学芸員・今井智恵）

行ってみよう

七尾城跡はJR益田駅から東へ2.4キロの益田市七尾町にあるよ。住吉神社の参道から登山道が整備されているので、登ってみてね。また、近くにある医光寺には七尾城の大手門を移築したと伝えられる総門（県指定文化財）が残されているよ。

医光寺の総門（島根県立八雲立つ風土記の丘提供）

〈23〉遺跡を訪ねて⑬

富田城跡（安来市広瀬町）難攻不落 中国地方屈指の城

月山にある富田城跡の全景写真。険しい山の上にあり、難攻不落の山城だったことがよく分かる（安来市教育委員会提供）

江戸時代初期の富田城を推定復元した模型（安来市教育委員会提供）

富田城跡所在地

風ちゃんとドッキー博士は、安来市広瀬町の富田城跡にやってきました。

富田城は標高190メートルの月山に築かれた山城で、月山富田城とも呼ばれるよ。

広瀬の町並みや少し遠いけれど中海が見えるわ。それにしても大きな城跡ね。急な道もあって登るのが大変。

富田城は月山を中心に1キロ四方におよぶ城域をもつ中国地方でも指折りの規模を誇った城なんだ。戦国時代に中国地方に勢力を誇った尼子氏の居城なんだけど、西には富田川（今の飯梨川）、東には険しい山々が連なる難攻不落の城として知られていたよ。

登ってくるまでにもたくさんの石垣があったわ。平らに整備されたところ（曲輪）や堀のようなところ（堀切）、細い急な道もあったわね。

城の防御施設の跡だね。富田城は山頂部分に本丸など、山裾部分に「山中御殿」「花ノ壇」「千畳平」などの名前の付いた曲輪がたくさん造られているよ。

今見えているのは尼子氏のお城の跡？

残念ながら、尼子氏の時代の姿ではないんだ。尼子氏は1年半もの籠城の末、永禄6（1566）年に毛利氏に降伏して、富田城は毛利氏の配下になったんだ。その後、関ケ原の戦いの後、堀尾氏が城主になったよ。見えているのは毛利氏の配下になってからの城の姿なんだ。

尼子氏の時代の遺跡はもうどこにも残っていないの？

本丸の北側など今は木々に覆われたところに残っているそうだよ。でも、危険なところばかりで整備された付近では見えないんだ。

見られないのは残念だけれど、落ちたら大変だから行かないほうがいいわね。

富田城は、堀尾氏が慶長13（1608）年に松江城へ移った後、松江城を支える城（支城）として三刀屋城（雲南市）、瀬戸山城（島根県飯南町）とともに慶長20（1615）年ごろまで使われたんだ。松江に移るまでは山陰地方の軍事・政治の一大拠点だったんだよ。

山陰地方でも特に重要なお城だったのね。

（島根県立八雲立つ風土記の丘学芸員・松宮加奈）

行ってみよう

富田城跡は国史跡に指定されているよ。主要な曲輪や山頂付近は整備されていて、発掘調査で分かった建物を復元した場所もあるよ。月山の麓にある安来市立歴史資料館では、富田城や城下町の歴史、発掘調査で出土した遺物などが展示されているから併せて行ってみてね。

〈24〉遺跡を訪ねて⑭

津和野城跡（津和野町）
中世から明治まで続いた山城

ずいぶんと高い所まで登ってきたわ。わあ、すごい石垣ね。

ここは津和野城跡（島根県津和野町）の本丸だよ。津和野城は標高367メートルの霊亀山に造られ、中世から明治7（1874）年まで続く山城なんだよ。

明治時代まで？　長く使われたお城なのね。

津和野城は鎌倉時代末、元寇に備えて、津和野を拠点としていた吉見氏によって最初に築かれたといわれているよ。初期の城は石垣を持たない曲輪と空堀の城だったようだね。

益田市の七尾城も石垣のないお城だったわ。

中世の山城は石垣の

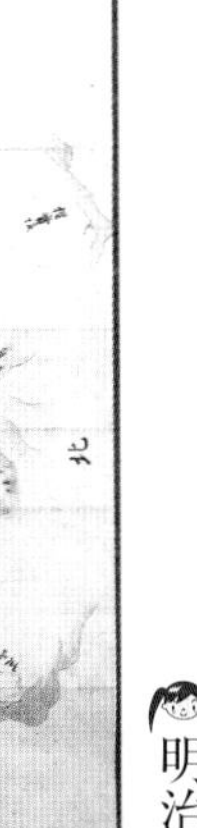

霊亀山にある津和野城跡の石垣＝2020年2月15日撮影

明治4年に描かれた津和野城絵図（津和野町郷土館所蔵）

津和野城跡所在地

ない城が多かったんだよ。ただ、石垣がなくても津和野城は周囲を津和野川と山に囲まれて防御に適した城だったんだ。実際、吉見氏11代当主正頼の時、陶氏と益田氏に城を攻められても104日間も耐えて講和を結んだんだ。

安来市の月山富田城もとても守りの堅いお城だったけれど、ここも堅固なお城だったのね。

その後、吉見氏は関ケ原の戦いの後、毛利氏に伴って萩に移ったんだ。次に城主になった坂崎直盛が今見ているような石造りの城に大改修したんだ。

この立派な石垣は江戸時代に造られたものだったのね。

ところが、坂崎氏は一代で終わるんだ。替わって入ってきたのが亀井氏なんだよ。亀井氏は坂崎氏が造った城郭をさらに整備したり、藩邸を整備したりと現在の津和野の町をつくっていったんだよ。

津和野は近世の町並みが残されていることで有名な町だけど、この時代に形づくられていたのね。でも、津和野城の天守閣は残っていないのね。

実は、津和野城の天守は貞享3（1686）年に城に雷が落ちて焼け落ちてしまったんだ。

300年以上前に天守はなくなってしまっていたのね！なぜ建て直さなかったの？

江戸時代になって世の中が平和になっていたからね。高い山の上に造られた山城はあまり必要とされなかったんだ。けれども、当時城で使われていた物見櫓や馬場先櫓は現在でも残されているんだよ。また、藩邸の大手門は浜田城跡に移築されて、現在も見ることができるんだ。

津和野町の人々が大事に守り伝えてきたのね。

（島根県立八雲立つ風土記の丘学芸員・今井智恵）

行ってみよう

津和野城跡へは、太鼓谷稲成神社から続く登山道を登る方法と津和野城跡観光リフトで山頂付近まで行く方法があるよ。

津和野町日本遺産センターでは、城下町の歴史や文化を紹介しているよ。

〈25〉遺跡を訪ねて⑮

浜田城跡（浜田市殿町）

江戸初期に築城も幕末に焼失

浜田城二の門前にある石垣（浜田市教育委員会提供）

本丸からの眺望（松原湾・外ノ浦）はるか日本海を望む
（浜田市教育委員会提供）

浜田城跡所在地

今回は浜田城跡（浜田市殿町）ね。前回の津和野城跡（島根県津和野町）より登るのが楽ね。

浜田城は標高67メートルという低い山に造られた江戸時代の城だよ。

どうして低い山に造ったの？

戦国時代までは戦いに備え、防御性の高くて険しい山に築かれたんだ。でも安土桃山時代になると、それほど高くない山に石垣や櫓などの建物を築くようになって、城下町とあわせて整備するようになるんだ。

でも富田城（安来市）、津和野城は高い山に石垣が築かれているわ。

それは元々あった戦国時代の山城がも

とになっているからなんだ。浜田城も戦国時代に城があったかもしれないけど、江戸時代に入ったら大規模な築城が行われたんだ。

浜田城はどんな姿をしていたの？

元和５（1619）年に浜田藩の初代藩主古田重治が、港や川が近くにあって交通の要所になる亀山に浜田城を建てることを決めたんだ。江戸時代には遠くを見渡せる望楼型天守や櫓台、三の丸の御殿など、立派な建物が立っていたんだよ。また、城下町も整備したんだ。

今の浜田の町並みの元になったのね。でも、今の城にはほとんど建物が残っていないわ。どうしてかしら？

実は浜田城は幕末、江戸幕府と長州藩の戦争で焼け落ちてしまうんだ。慶応２（1866）年、浜田藩に攻め込んできた長州藩と戦い、敗れて逃げた浜田藩士は城と城下町に火をつけていったとされているんだよ。

立派なお城だったのに、残念ね。でも、石垣の中にはきれいな部分もあるわ。

それはのちの時代に修繕された部分だよ。昭和33（1958）年の石垣修理の時には、まだ焼けた石垣が残っていたらしいんだ。

90年前の戦の跡が残っていたのね。

明治に入ってからは公園として徐々に整備されていき、今は市民の憩いの場となっているんだよ。

建物はなくなってしまったけど、今でも地域の人々に大切にされているのね。これまでいろいろな遺跡を見てきたけど、島根県には古代から現代まで続く素晴らしい歴史があることが分かったわ。

そうだね。みんなもぜひ身の周りにある遺跡について調べてみてね。

（島根県立八雲立つ風土記の丘学芸員・今井智恵）

行ってみよう

浜田城跡は、ＪＲ浜田駅から西に約2キロ、徒歩で約20分で行けるよ。浜田城山の西側には浜田城資料館も開館して、より浜田の歴史について知ることができるようになったよ。

〈26〉研究によって新たな発見

歴史の謎　解明の手がかりに

島根県内の遺跡を訪ねていた風ちゃんとドッキー博士は、松江市大庭町の八雲立つ風土記の丘に戻ってきました。

この1年間、考古学について、発掘調査の方法や遺跡などいろいろ見てきたけど、どうだった？

考古学って、発掘調査をしたり、遺物を比べたり、科学を使ったりしながら歴史を考えているのね。それに、島根県内にもたくさんの遺跡があって、それぞれ特徴があるって知ることができたわ。

遺跡だけじゃなくて、全国でも珍しい振り返った鹿の埴輪や国宝になった銅鐸、銅剣、銅矛など遺物もたくさんあるよ。

全国に自慢できるものがいっぱいあるのね。

以前に見つかったものだけじゃなくて2019年度にも新しい発見があったよ。

そういえば、新聞に載っているのを見たわ。島根県

島根県内最大の前方後円墳の可能性が高くなった益田市のスクモ塚古墳（島根県立八雲立つ風土記の丘提供）

松江市の神後田遺跡で見つかった弥生時代後期の住居跡（後方矢印が田和山遺跡）（島根県立八雲立つ風土記の丘提供）

松江市矢田町の平所遺跡から出土した見返りの鹿埴輪（国の重要文化財）＝島根県立八雲立つ風土記の丘所蔵

1984年に銅剣358本が出土した当時の出雲市斐川町・荒神谷遺跡の現場（島根県埋蔵文化財調査センター提供）

最大の古墳が変わるかもしれないのよね。

スクモ塚古墳（益田市）だね。円墳だと考えられていたスクモ塚古墳と隣の方墳が、一つの全長96メートルの前方後円墳である可能性が高くなったんだ。

今まで県内で一番大きいのは全長94メートルの山代二子塚古墳（松江市）だったのよね。それが変わるかもしれない調査が行われたのね。

他にも重要な発見がいくつもあったよ。その一つが松江市の田和山遺跡に関連すると考えられる神後田遺跡だよ。田和山遺跡の北側にある遺跡で、田和山遺跡と同じ弥生時代中期の環壕跡が見つかったんだ。他に弥生時代後期の住居跡も見つかっているよ。

田和山遺跡は住居を環壕が囲んでいる一般的な環壕集落とは違って、環壕の外に住居がある不思議な遺跡だったわね。

詳しい研究はこれから進んでいくだろうけど、田和山遺跡の謎が解明されるきっかけになるかもしれないね。

とても大切な調査ね。

田和山遺跡はもともと松江市立病院の建設地として発掘調査が行われたんだ。でも、とても重要な遺跡であることが分かって、研究者だけでなく市民からも保存しようという運動が起きたんだ。全国からも要望・陳情書が提出されて、現地で保存が決まったんだ。

田和山遺跡は皆が大切だから保存しようって行動したから残ったのね。

これまで見てきた遺跡は、そうやってたくさんの人の努力によって保存されてきたんだ。

これまでみんなで守ってきた遺跡を私たちも守っていかないといけないわね。

みんなが遺跡に興味を持ってくれることが、遺跡を守ることにつながるよ。

でも、どこにどんな遺跡があるのかとか、興味のある遺跡をどう調べたらいいのか分からないわ。

博物館に行けば地域の遺跡についての展示のほか、パンフレットなどもあるよ。地図には遺跡の場所が記されているし、歩いていたら看板や石碑を見つけるかもしれないね。

みんなも博物館や遺跡を訪ねてみてね。

（島根県立八雲立つ風土記の丘学芸員・松宮加奈）

後編

島根の歴史

ポケット豆知識

おじいさん
（宍道正年）

マアちゃん
（孫・小学校6年生）

鹿島町の先人（松江市鹿島町）
中国文学者 増田渉

マアちゃんとおじいさんは「博物館巡り」が大好きです。今週日曜日は、松江市鹿島町の「鹿島歴史民俗資料館」を訪れました。「今日はまっ先に2階へ上がろう。」おじいさんは、足取り軽く企画展「魯迅―詩と書簡」の入口へマアちゃんを誘いました。

「うわー、難しそうだ、ぼくには。第一、「魯迅」って何なの？」と尻込みするマアちゃんでしたが、おじいさんはいつものようにわかりやすく解説を始めます。

魯迅（1881生〜1936没）という方は、近代の中国を代表す

鹿島歴史民俗資料館
TEL 0852-82-2797

魯迅（1881生～1936没）

魯迅の作品で『阿Q正伝』は特に有名だね。

有名な文学者なんだ。

る優れた詩人で小説家で文学者なんだ。特に明治35(1902)年、日本へ留学し、東京で文学の勉強や活動をした方だから、日本のことをよく理解して、中国へ帰国後も、日本文学に深い関心をもって、日本人の文学者と交友を続けていたんだ。おじいさんが高校生の時、国語の教科書に「故郷」とか「野草」という魯迅の作品が載っていたよ。

へえー、そんな有名な文学者だったの。

その魯迅の住む中国の上海へ、はるばる日本から、やって来て、しかも10か月間も、毎日魯迅の住まいを訪れ、直接魯迅から約3時間、魯迅本人の作品の授業を受けた。そういう日本人がいたんだ。

わかった、その日本人は、この写真の方、増田渉という方だね。

マアちゃんは、正面パネルの人物写真を指さしました。

あれ、明治36(1903)年、島根県八束郡恵曇村大字片句生まれ、と書いてある。えっ‼ここ鹿島町の方なんだ。

そうだよ、今の恵曇小学校の子どもたちの大先輩になるね。増田渉は子どもの頃から、文芸の本を愛読し、特に中国や中国文学に興味が沸いた。大学の授業だけでは物足りず、東京大学卒業の後、とうとう中国行きを思い立ったんだ。

すごい情熱と行動力の持ち主だったんだね。

増田渉は、昭和6(1931)年、上海に着くと内山完造という本屋さんの紹介で、魯迅から教わることができたようだね。

どうして10か月だったの？

増田渉（松江市立鹿島歴史民俗資料館提供）

その頃、中国では日本との戦争が大きくなるきっかけとなった、上海事変（昭和7（1932）年1月～5月）が起こりそうだった。その状況から、危険を感じ、仕方なく増田渉は日本へ帰ったんだよ。でも、その帰国直後の昭和7（1932）年1月から、魯迅が亡くなる昭和11（1936）年10月まで、ずっと毎月二度、手紙で通信教育を受けていたんだ。増田家には、58通の魯迅からの手紙が残っている。その資料から二人の間に、とても親密な、先生と教え子のふんい気があるし、お互いに尊敬し、いたわり合う、温かい人間関係が築かれていたことがわかるんだ。

へえー。そういうやりとりがあったのか。ここ鹿島町と中国上海との間で。

日本に数多くの中国文学を研究する学者はいるけど、直接魯迅ご本人から10か月間も、そして亡くなられる直前まで、ずっと文通で教えていただいた方は増田渉ただ一人なんだ。それからもう一つ、増田渉の偉大さを物語る大切なこと。それは昭和53（1978）年10月24日、日中平和友好条約を結ぶため、日本へ来た中国の鄧小平副総理が、レセプションのあいさつの中で、47年前に、中国を離れる増田渉に対して送った魯迅の『増田渉君の帰国を送りて』という別れを惜しむ詩を朗読して、乾杯したこと。日中国交正常化（お互いに仲よくお付き合いをしよう）、50年を迎えようとする今、増田渉という人物の果たした役割は大きいね。

そういう先人が鹿島町にいらっしゃったんだね。すごいなあ。

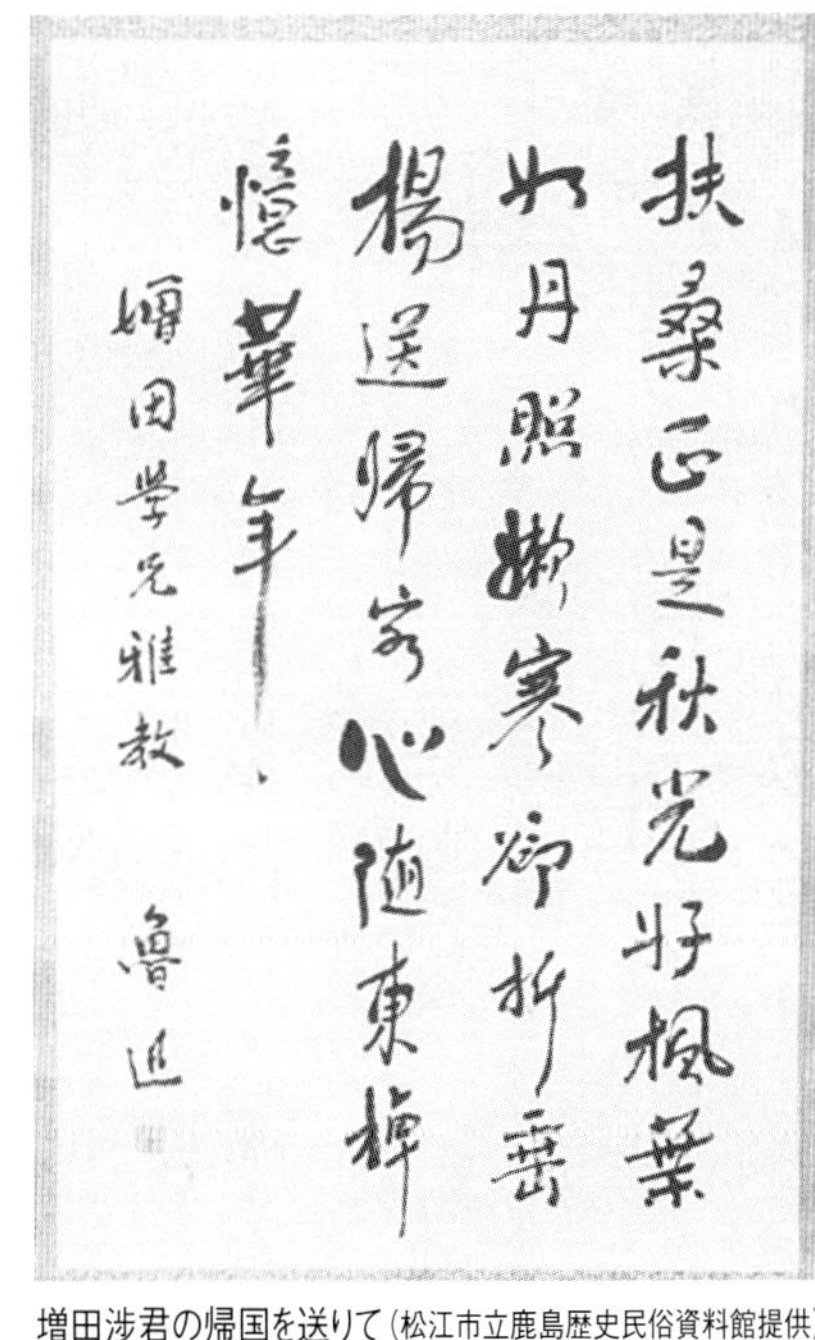
扶桑正是秋光好楓葉
如丹照嫩寒却折垂
楊送帰客心随東棹
憶華年
増田学兄雅教
魯迅

増田渉君の帰国を送りて（松江市立鹿島歴史民俗資料館提供）

米作りに生涯をかけた荒島の先人
広田亀治の「亀治米」
（安来市荒島町）

今からおよそ1700年前の4世紀、古代出雲の中心は、松江ではなく、今の安来市荒島だったんだよ。当時の出雲を代表してヤマト政権と同盟を結んだそのシンボルが「王陵の丘」だね。

国道9号線からよく見えるから、ぼくもよく知っているよ。

ところで、荒島には、ほかにも誇るべき歴史上の人物や遺産が残されているんだよ。広田亀治を紹介しよう。

江戸時代の終わりごろ天保10（1839）年能義郡荒島村（今の安来市荒島町）に生まれた広田亀治。広田家は松江藩の「郷蔵」（村の百姓が納めた年貢米を入れておく倉庫）の管理をしていた。幼いころから、父と一緒に米蔵の仕事を手伝っていくうちに、米の質を見分ける能力が身についたんだろうねえ。26歳の時、慶応2（1866）年に起こった百姓一揆に参加した罪で、亀治は、約一年間、神門村（今の出雲市南部）に追放された。しかし、幸いなことにその期間に、亀治は熱心に稲の研究に取り組み始め、村のあちこちの水田を見て回り、とうとう優良品種を見つけた。刑期が終わって、荒島に帰ると、さっそく、神門村から持ち帰ったその稲をもとに品種改良に努めた。そしてついに苦労のかいあって8年後の明治8（1875）年「亀治」を選び出すことに成功したんだよ。

それじゃあ、さぞかし、広田亀治さんは、鼻高々で、自慢しただろうなあ。

ところが、この方は、みんなからもてはやされたけ

ど、えらぶらずに、けんきょで、お金もうけをしなかったんだ。

とても人柄が良かったんだね。

そういう方だったから、明治29（1896）年、58歳で亡くなられたけど、その16年後の大正元（1912）年に、荒島の人々は感謝の気持ちをこめて、銅像を建てたんだ。

今も建っているの。

いや、残念なことにその銅像は、太平洋戦争の時、昭和19（1944）年に金属供出させられた。（銅を武器の原料にするため）そこで、昭和26（1951）年7月21日、今の銅像が再建されたんだよ。今でも、毎年7月21日に「亀治翁を顕彰する祭り」が、銅像前で行われているんだよ。

へえー、それほどまで感謝された方だったんだね。

その稲品種「亀治」すごいんだよ。ほら、この資料を見てごらん（次ページ）。

ほんとだ、すごいねえ。

広田亀治銅像

ところが、「亀治」は昭和30（1955）年ごろからコシヒカリなど、早く収穫できて、しかもおいしい品種におされて作られなくなって、姿を消してしまった。でもね、平成7（1995）年、茨城県つくば市の研究所から、わずか7グラムの「亀治」米をわけていただき、ほら、ごらん、その後は、この写真のように、地元の農家、平井豊さん、平井守さん、原田吉郎さんの指導により毎年荒島小学校5年生の授業で、荒島生まれの広田亀治が作った「亀治」で、米作りをしているんだよ。

へえー、荒島小のみなさんが、うらやましいなあ。

荒島小学校の稲刈り
＝加藤章人さん撮影

原田吉郎さん

平井守さん

平井豊さん

水稲品種作付表（昭和6年）

「亀治」は島根県中の稲作農家の間で、よく知られていたよ。明治中ごろから昭和の初めごろまで、県内の水田で一番多く作られた品種なんだ。昭和６年には12,500町歩で、断トツだね。

へえー、そんなにすばらしい品種なんだね。

県外における亀治種の作付反別（昭和6年）

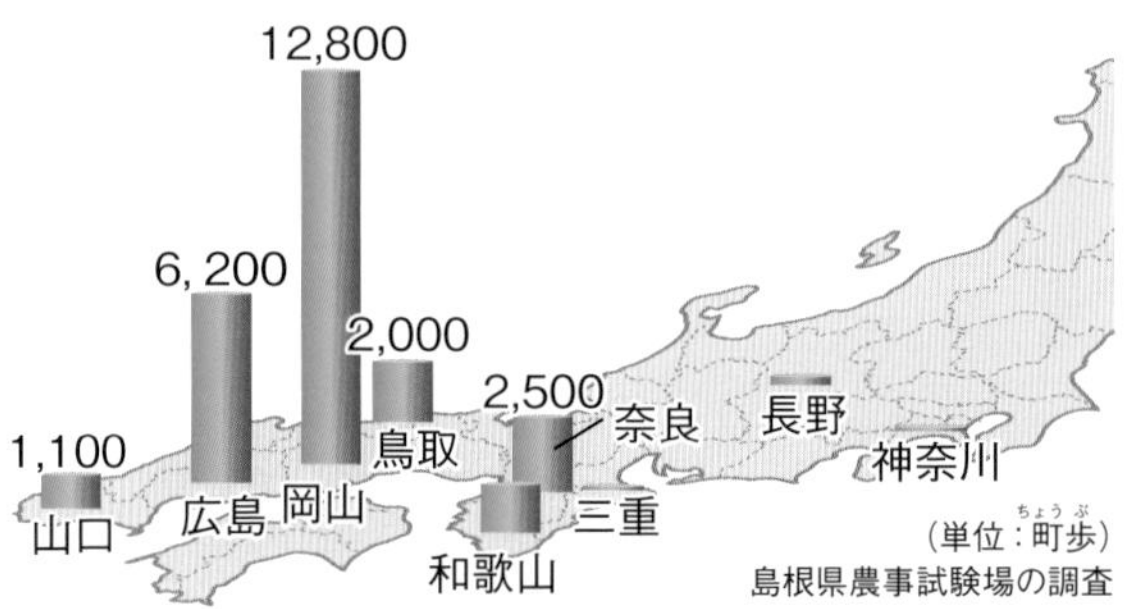

中国地方はもちろん、西日本や東日本、さらには台湾でも栽培されたんだねえ。島根県も合わせると全国で約4万町歩にもなるね。

品種「亀治」のすごいところは?

●亀治米と現在の米

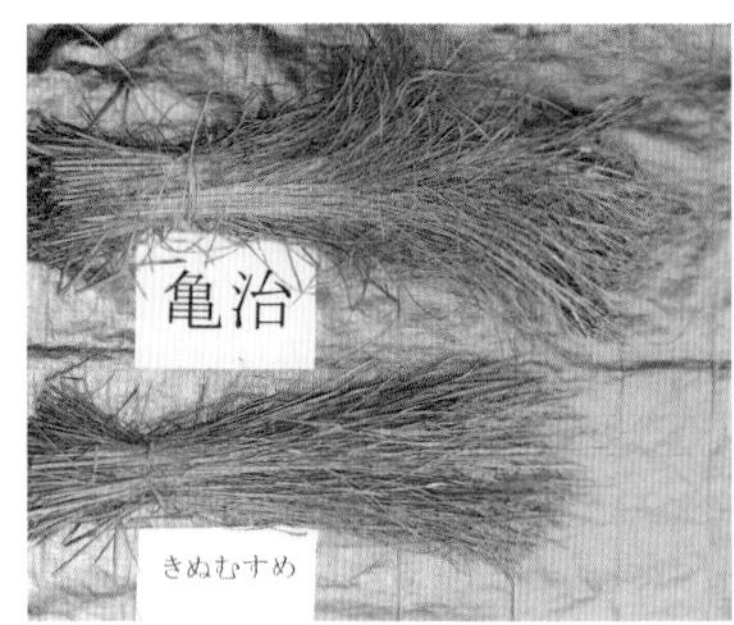

曽田常吉著「廣田亀治翁と亀治種」（昭和8年発行）と、亀治翁銅像復興促進委員会「廣田亀治翁について」（昭和27年発行）をもとに作成

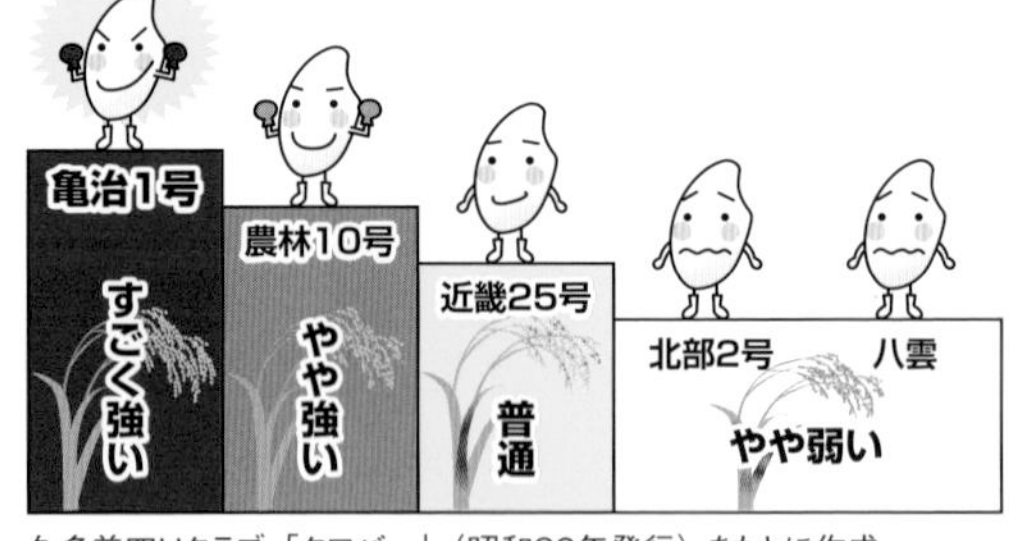

久多美四Hクラブ「クロバー」（昭和26年発行）をもとに作成

なんといっても、イモチ病という稲の病気に強かったところだね。

ほんとだ！ほかの品種にくらべてだんぜん強いね。

明治から大正、そして昭和の初めにかけて、日本の米づくりに大きな役割をはたしたんだね。

西尾彦市の多収穫米「北部」と「米作日本一」
（出雲市東郷町〈旧平田市久多美〉）

安来市荒島の広田亀治の「亀治」の後に誕生し、「亀治」と同じように日本の食糧増産政策に寄与したのは、旧平田市久多美の西尾彦市の「北部」だね。ほら、マアちゃん、この年表を見てごらん（次ページ）。11年もかけて、改良に改良を重ねた末、みごと多収穫品種を選出したんだ。「亀治」と同じように、「人工交配」の技術が開発される前の「自然交配」（風や虫によって受粉）の段階だから、選び抜いていくのに、大変な努力と時間がかかっているよ。

とてもすぐれた品種だということが、すぐわかるね。特に島根県の奨励品種に選ばれている期間が、ずいぶん長いね。えーと、大正4（1915）年から始

西尾彦市（西尾幸兌さん提供）
※デジタル処理にてカラー化しています

表彰状

島根縣
西尾彦市殿

國民精神の作興は我國現下の急務にして一に各人の努力篤行に俟たざるべからず貴下誠實勤勉道を行ひ善を積み刻苦精勵克く人の成し難きを成し以て郷黨の亀鑑と仰がる洵に一世の美徳にして吾等の感激欽慕に堪へざる所なり玆に貴村長の推薦により之を「キング」誌上に公表すると共に特に記念品を贈呈して之を表彰す

昭和六年九月一日

キング表彰部
顧問 内務大臣 安達謙藏
顧問 文部大臣 田中隆三

キング表彰部からの表彰状（西尾幸兌さん提供）

日本海
N
久多美コミュニティセンター
旧平田市久多美
宍道湖
出雲大社
出雲空港
431
9
山陰道

久多美コミュニティセンター
TEL 0853-63-1374

西尾彦市翁と「北部」略年表

1859(安政6)楯縫郡東郷村に生まれる(旧平田市東郷町。今は出雲市)

1891(明治24)荒木村(大社町)から「八重桜」という稲の種子を求めて試植〔32才〕

1902(明治35)改良に成功『北部』の選出〔43才〕

1905(明治38)西尾家の屋号にちなんで『北部』と命名〔46才〕

1915(大正4)『北部』が「県奨励品種」に。京阪地方で全国の一等米、特に神戸で〔56才〕

1917(大正6)『北部』は全県下の作付面積4,012町歩(7・1%)で『亀治一号』14,700町歩(25・8%)に次いで第2位

1920(大正9)この年まで『北部』が「県奨励品種」〔61才〕

1921(大正10)『北部2号』が「県奨励品種」に〔62才〕

1929(昭和4)早稲『早北部』が県奨励品種に、中稲『中北部』鳥取で普及〔70才〕
西田村の佐々木伊太郎が『北部』を用いて米作日本一に

1930(昭和5)『早北部』が『八雲』と改名〔71才〕

1931(昭和6)キング表彰部から表彰状〔72才〕

1932(昭和7)この年まで『北部2号』が「県奨励品種」〔73才〕

1934(昭和9)西尾彦市没〔76才〕

1943(昭和18)この年まで『八雲』が「県奨励品種」

1950(昭和25)出雲市稲岡町の佐藤京四郎、義雄親子が『北部』で米作島根県一

1951(昭和26)久多美四Hクラブが研究誌『クロバー』の発行と顕彰碑建立

1982(昭和57)研究誌『クロバー』が『久多美の偉人伝』の中に復刻版として刊行

1990(平成2)生馬明子作「稲作の改良に一生をささげた西尾彦市」が、文部省刊行『初等教育資料』(小学校「道徳」の教材)に

2008(平成20)研究誌『クロバー』が再び『ふるさと久多美から松江へ』の中に復刻版として刊行

2009(平成21)「稲改良に尽くした西尾彦市翁」(9月10日、山陰中央新報文化欄に掲載)

2010(平成22)生誕150周年記念講演会開催(くたみ交流会館 5月30日)

2017(平成29)「北部」と「北部2号」約60年ぶりに栽培が復活

2019(令和元)久多美地区の永田一芳氏による試験栽培で「米作日本一」が証明

11年かけて北部の改良に成功

永田一芳さんの試験田で60年ぶりに「北部」の稲刈をしていただいたんだ

ヤングパワーだね。当時の久多美の農村青年たちの意気込みが感じられるよ

この読み物は「小学校高学年の道徳の教材」として使われたんだ

改めて西尾彦市の業績を見つめ直すきっかけになったね

県奨励品種

北部(5年間)　北部2号(11年間)
北部・北部2号(合わせて17年間)

早北部　八雲
早北部・八雲(合わせて14年間)

北部〜八雲まで合わせて28年間

まって、改良型の『八雲』（早北部）の昭和18（1943）年まで、ざっと28年間も。

「北部」の長所は何と言っても、多収穫が望め、しかも湿田に強いこと。草丈（稲の長さ）は約160センチもあるけど、茎が太くて、根が長く、しっかりと張る。短所としては、晩稲。つまり収穫時期が遅いこと。早く新米を求める現代の消費者のニーズにマッチしない。また草丈が長いから、コンバインなど農業機械には不適当。したがって昭和30年代になると、農家は全く作付しなくなって、「北部」の姿は消えてしまった。かつては県内いたる所でたくさん栽培されていたのに。「亀治」の次、県内第2位の時もあったけどね。

ちょっと残念だなあ。せっかく西尾彦市さんが苦労して作り出された品種なのに。そのご苦労はぼくたちの想像以上だろうね。

そうなんだ。そこで、そのご苦労と功績を広く世間に示そうと、地元の青年たち「久多美四Hクラブ」のメンバーが立ち上がったんだ。昭和26（1951）年7月には、県農事試験場へ出かけて「北部」について調査し、研究誌『クロバー』にまとめた。そしてこの年11月、地元の村役場前（今は、くたみ交流館前庭）に石造の「顕彰碑」を建てたんだよ。

ヤングパワーだね。

さらに、同じ年に建てられた安来・荒島の「広田亀治銅像」に対しても建設寄付金を送っていたんだ。

へえー、その頃、「亀治」と「北部」は、そして「荒島」と「久多美」は、つな

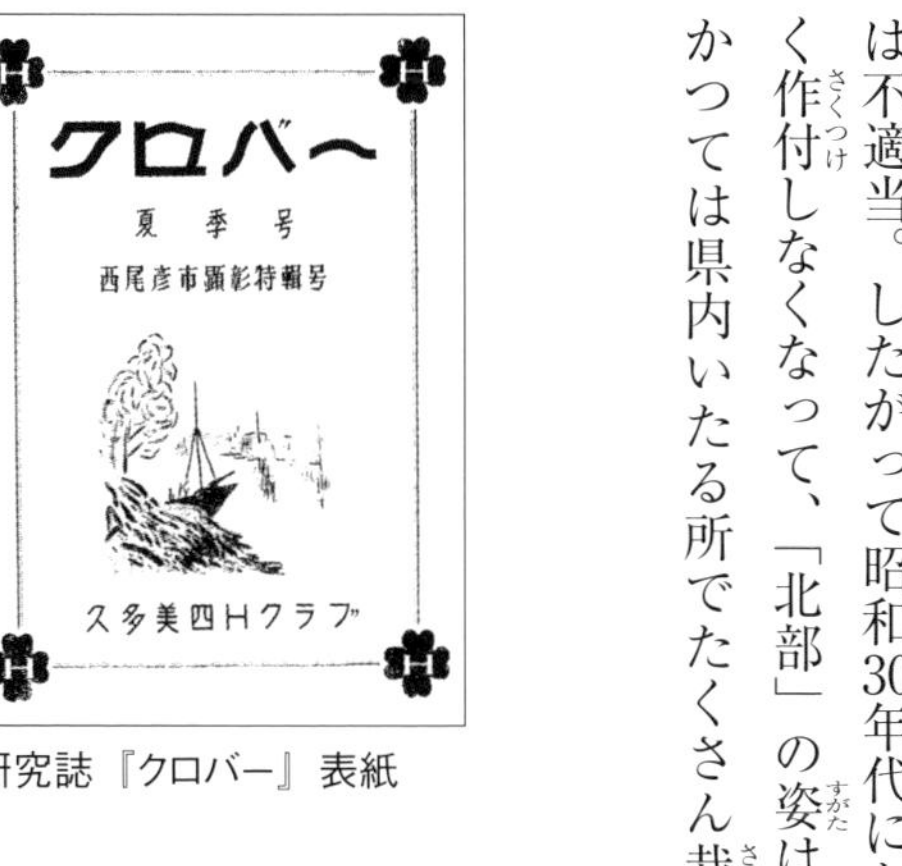

研究誌『クロバー』表紙

西尾彦市の顕彰碑＝くたみ交流館前庭

がっていたんだね。

マアちゃん、おどろいたことに、そのつながりは、その66年後に、再現（さいげん）されることになったんだ。実は平成29（2017）年3月のこと。荒島のある方からの情報（じょうほう）によって、茨城県（いばらぎ）つくば市の研究所に、幻（まぼろし）の品種「北部」と「北

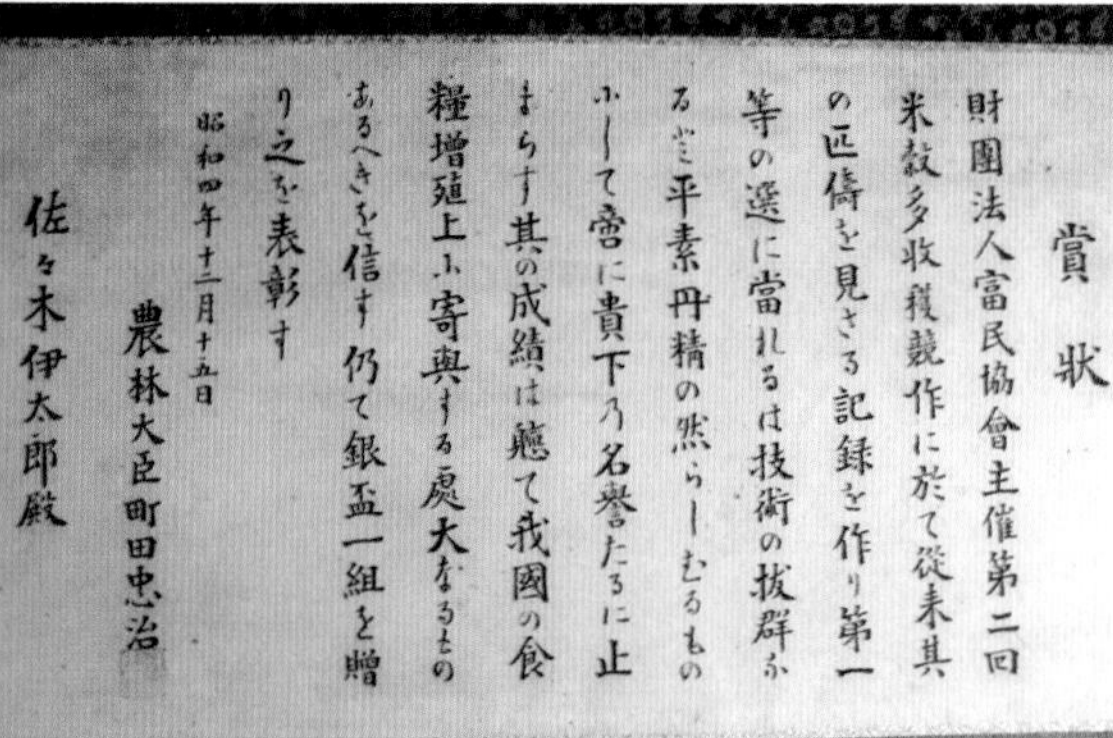

賞状

財團法人富民協會主催第二回米穀多收穫競作に於て從来其の匹儔を見ざる記録を作り第一等の選に當れるは技術の抜群なると平素丹精の然らしむるものにして啻に貴下乃名譽たるに止まらず其の成績は聴て我國の食糧増殖上ニ寄與する處大なるものあるへきを信す仍て銀盃一組を贈り之を表彰す

昭和四年十二月十五日

農林大臣町田忠治

佐々木伊太郎殿

日本一の賞状

米作日本一 佐々木伊太郎夫妻
（曽孫の佐々木敏一さん（出雲市奥宇賀町）提供）
※デジタル処理にてカラー化しています

米作日本一、21俵審査状況
※デジタル処理にてカラー化しています

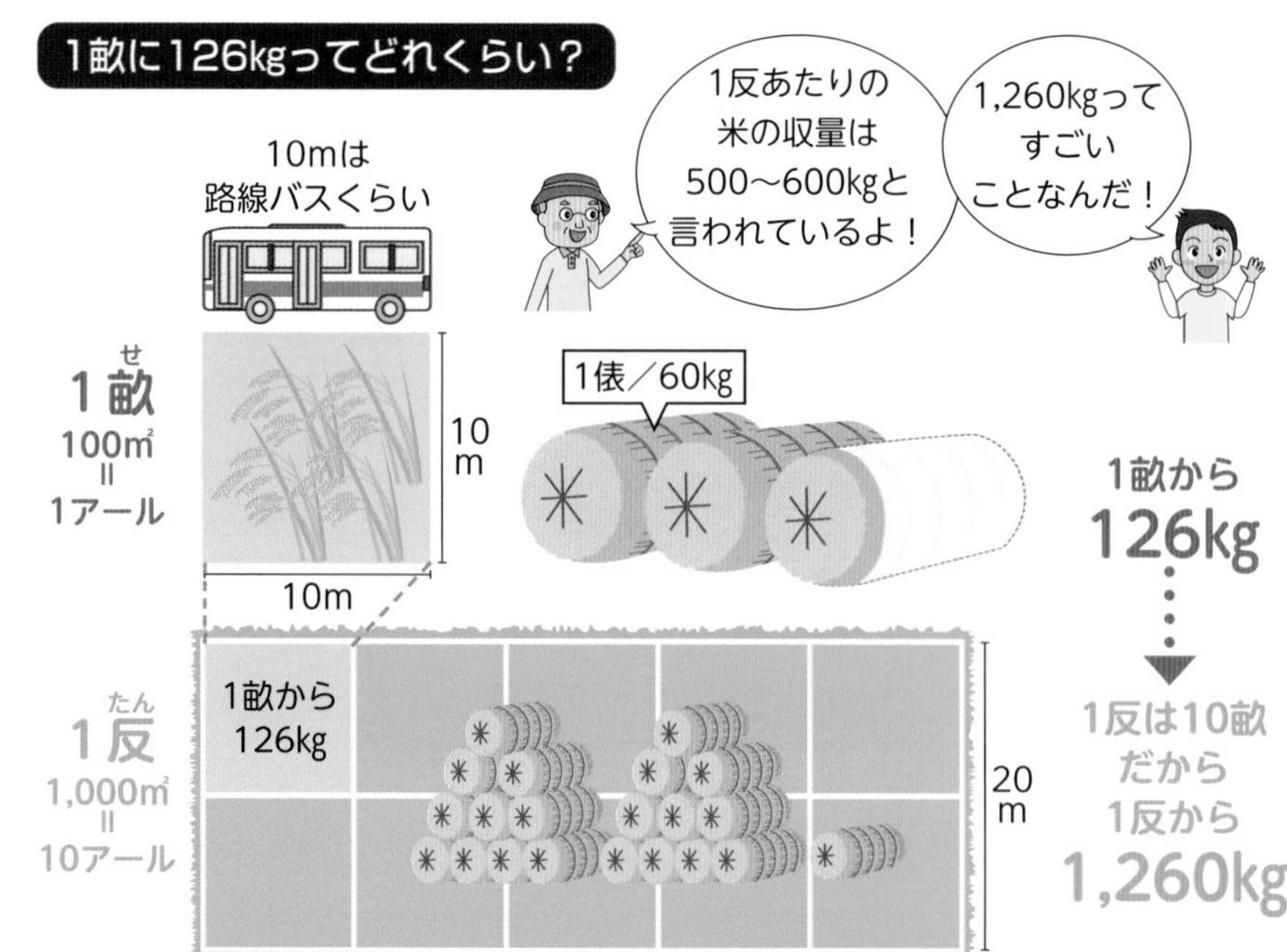

部2号」の種が保管されていることをつきとめることができたんだよ。おかげで、みんながすっかりあきらめていた「北部」が、久多美コミュニティセンターへ少量送られ、直ちにその年、近くの水田でおよそ60年ぶりによみがえったんだよ。

すごいなあ、よかったねえ、おじいさん。

それだけじゃないよ。かつて昭和4(1929)年、西田村(旧平田市西田、現出雲市)の佐々木伊太郎さんが、この「北部」を用いて反当り収穫量1,260キロ(米俵にして21俵)に成功。みごと「米作日本一」の栄冠を獲得された。しかし、当時の平均的な収穫量の3倍だったから、世間では疑問に思う人も多かったらしい。そこで、それを、実証しようとチャレンジし、みごと証明した方が現われた。それは久多美地区在住の永田一芳さん。永田さんは、コミュニティセンターからの依頼を受け、つくば市から送られた種を一年目から慎重に扱って一畝(約1アール)の試験田で栽培を始め、3年目の令和元(2019)年の秋、なんと126キロの収穫となった。一反は10畝だから、反当り収穫量に換算すると1,260

永田一芳さん

「北部」の試験栽培
中央の人物は永田一芳さん

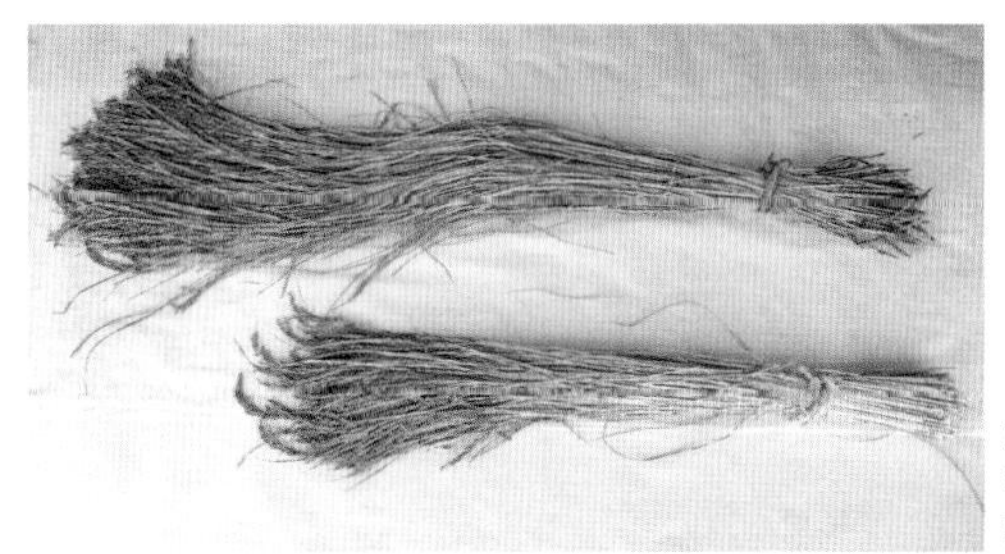

長さ比べ
北部(上)160㎝
コシヒカリ(下)

「北部」は永田さんと
比べても
相当大きいね。

キロになる。つまり、佐々木伊太郎さんの「日本一」と同量の収穫データに到達したんだ。おどろくべき快挙となったんだよ。

何だか、テレビのドラマのようだね。そういう展開になるとは。

これも、実はおじいさんが仕事を通して、長年にわたって、荒島と久多美両方の方々にお世話になり、親しくさせていただいたからなんだよ。ご縁だね。

へえー、そうだったのかあ‼「北部」の復活の橋わたしをしたのは、ぼくのおじいさんだったのか。

2017年（平成29年）10月14日（土曜日）　山陰中央新報

イネ「北部」60年ぶり収穫

出雲・久多美地区　復活目指す有志笑顔

明治末から昭和初期にかけて、県内で幅広く作付けされたイネの多収穫品種「北部」の収穫作業が13日、出雲市久多美地区であった。同地区生まれの篤農家が開発し、60年前に栽培が途絶えた品種の復活を目指す地元有志は、久方ぶりの実りを喜んだ。（岡田素衣）

北部は1902年に、久多美地区生まれの西尾彦市（1859～1934年）が生み出し、15年に県奨励品種に指定され、多収穫品種として全国的に普及した。しかし、他の優良品種が出始めたことから34年に奨励品種から外れ、戦後に栽培は途絶えた。

西尾氏を顕彰してきた久多美地区ではかねて、栽培の復活を望む声があった。今年に入って有志が「農研機構遺伝資源センタージーンバンク」（茨城県つくば市）から種を取り寄せ、久多美コミュニティセンターが管理する実習田で試験栽培に乗り出すことにした。

3月に取り寄せた北部の種33㌘は、地元の永田一芳さん(81)が4月にまいて336本の苗に育ち、5月下旬に田植えをした。順調に育ち、茎の長さは1・4㍍に成長した。

収穫には、西尾さんのひ孫の幹子さん(77)や、1929年に北部で1反あたり21俵を収穫し、「米作日本一」に輝いた佐々木伊太郎さんのひ孫、敏一さん(66)（同市奥宇賀町）、50年に米作県一になった佐藤義雄さん(90)ら7人が参加した。

永田さんは「収穫までこぎつけてほっとしている」と笑顔で話した。収穫した北部は、自然乾燥させて来年の種もみにするという。

60年ぶりとなる「北部」の収穫作業にあたる関係者ら

右から永田　一芳さん
佐々木敏一さん
中央は佐藤　義雄さん
西尾　幹子さん
筆　者　宍道　正年

古代の大和と出雲をつないだ玉作りの里〜玉湯町と忌部町〜（松江市玉湯町・忌部町）

マアちゃんを乗せたおじいさんのマイカーが玉湯町内の国道9号を走っています。

勾玉のマークがよく目立つねえ。どうして？

よし、じゃあマアちゃん、今日は、古代玉作りの勉強をしよう。

車を玉湯公民館駐車場に止めさせていただき、町内歴史ウォークが始まりました。

ほら、ずっと向こうの小高い山が見えるでしょう。

二人は、玉造温泉街の東側の山すそにある出雲玉作資料館へやって来ました。

花仙山

松江市出雲玉作資料館発行『まが玉探検記』より

高さは約200メートル。今の松江市玉湯町と忌部町にまたがる山でね、昔は、玉をつくるもとになる石「原石」がたくさんとれた「宝石の出る山」だったんだよ。その証拠に掘り出した跡も残っているんだよ。まず、その原石とそれから作られたいろいろな玉を館内で見ながら勉強しよう。

431
松江城
宍道湖
9
山陰道
432
出雲玉作資料館
54
松江市玉湯町
松江市忌部町

1 出雲玉作資料館 玄関ロビーから展示室へ

緑色だから、碧玉（青メノウ）だね。あれー、緑色ばかりじゃない!!この展示室には赤色・白色・そして透明な石も展示してあるね。

出雲玉作資料館
TEL 0852-62-1040
松江市出雲玉作資料館発行『まが玉探検記』より

石は違っていてもみんな「石英」という石の仲間だ。中の結晶や色の違いによって、透明な「水晶」、青色（緑色）の「碧玉（青メノウ）」、白色の「白メノウ」そして、それ以外の茶色や黄色は「かど石」という呼び方で分類されているんだよ。

あっ、それから「玉」といったら「まが玉」以外の玉もあるんだねぇ。勾玉（曲玉）は、曲がっていて、その形から名前がついているんでしょう？

玉湯町内のいろいろな所に「シンボルマーク」として使われているね。

すごい！
大きいし、
きれいな色だー。

碧玉
松江市出雲玉作資料館発行
『まが玉探検記』より

2 古代出雲の玉作りとヤマト

古墳時代の初め（3世紀半ば）頃に花仙山周辺で玉作りが始まり、古墳時代の後半に玉作り遺跡が花仙山周辺に集まり、生産が盛んになったことがわかる。

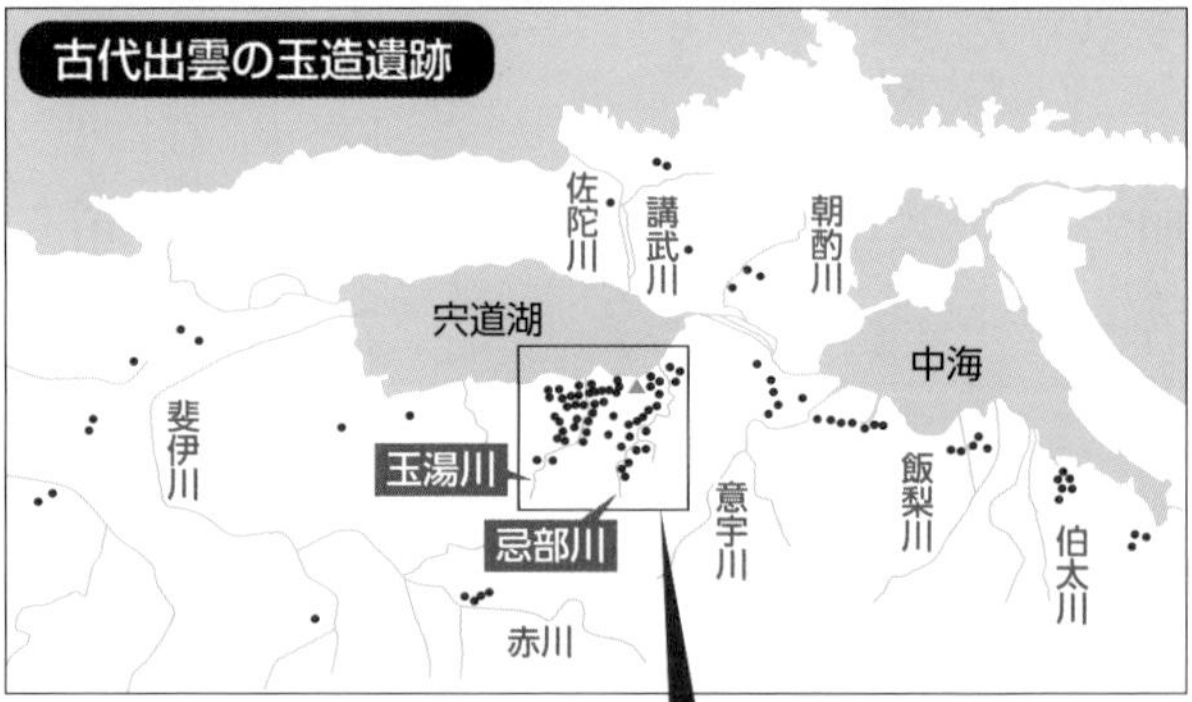

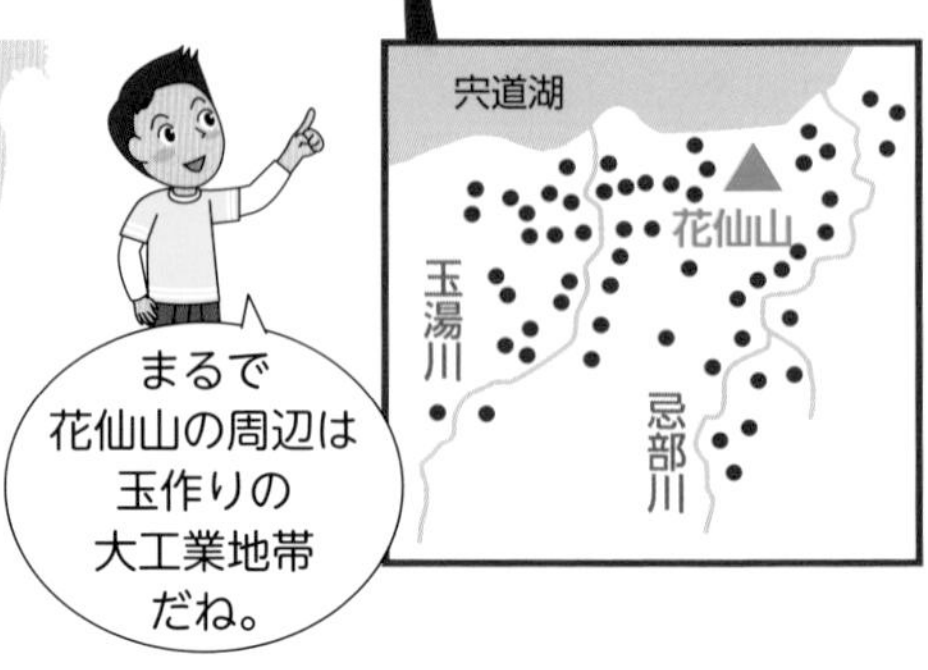

なぜ玉がそんなに必要なの？

古墳時代は全国的に大きな墓（古墳）が作られた時代だよね。古墳の分布図を見ると

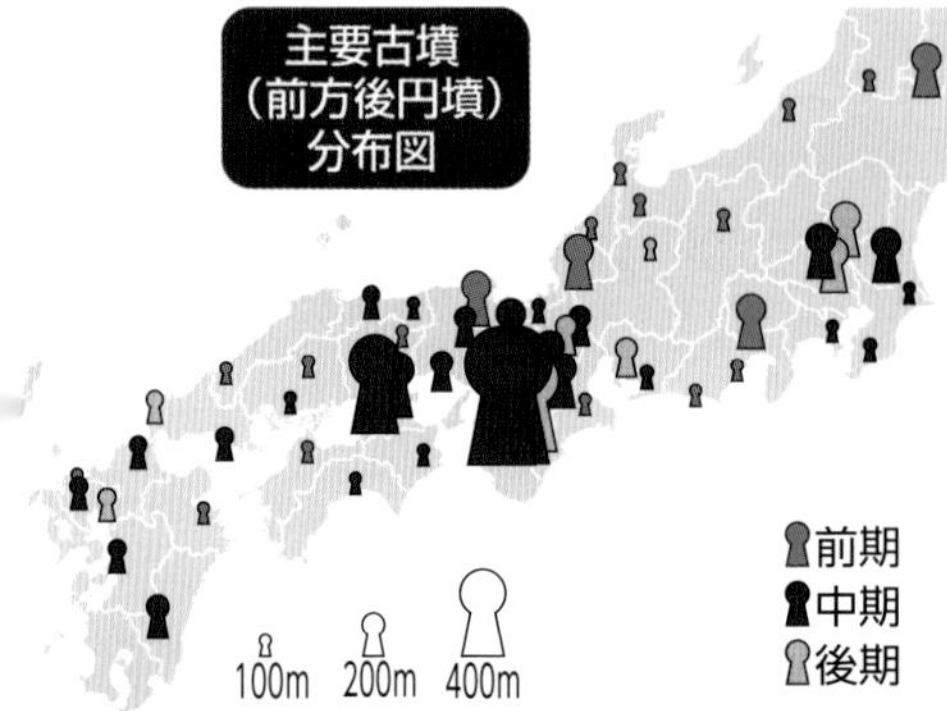

古代出雲の玉造遺跡

佐陀川
講武川
朝酌川
宍道湖
中海
斐伊川
玉湯川
忌部川
意宇川
飯梨川
伯太川
赤川

宍道湖
花仙山
玉湯川
忌部川

まるで
花仙山の周辺は
玉作りの
大工業地帯
だね。

主要古墳
（前方後円墳）
分布図

前期
中期
後期
100m
200m
400m

当時の国内全体の中央のリーダーがどこにいるか明らかだよね。そう、ヤマトなんだ。花仙山周辺の玉作りの玉も一度はヤマトに納められたのが、ヤマトの王に対し協力や功績があった各地のリーダーに「勲章」のような形で配られたんだと思うよ。ところが古墳時代の中頃（5世紀）になると、ヤマトで国内最大の玉作りが始まったんだ。それが奈良県【曽我遺跡】だ。全国の玉の生産地から、各種の玉材の原石をヤマトに運び込ませ、大量の玉を作り始めたんだ。

3 出雲の職人がヤマトへ

ヤマトの玉作りの拠点は、今の奈良県橿原市曽我町の曽我遺跡がそれなんだ。その一部を発掘調査したら、沢山の玉の作りかけや、石くずが重さ約2.7トン、821万点も出土したんだよ。その中には花仙山の原石もあったんだ。

花仙山から玉の原石をそんなに遠くまで運んだの？

そうなんだ。

原石を加工して玉にするのは、ヤマトの人達なの？

いや、玉作りは特殊な技術が必要だったから、出雲から職人たちが呼び寄せられたに違いない。各地から原石と職人が呼び寄せられて大量の玉が生産されたらしいんだよ。やがて曽我遺跡は、6世紀後半になると玉作りの生産を中止するんだ。

じゃあ、出雲からやってきた玉作りの職人はどうしたの？

出雲へ帰って再び玉作りを続けたんだよ。ただし、他の地域の玉作りは再開されなかったとされているんだ。

あっ、そうか。それで古墳時代後半に花仙山の周辺だけで玉作りが盛んになるわけかぁ。なるほど。

そうなんだ。6世紀後半以降、国内でただ1か所、花仙山周辺（玉湯町・忌部町）だけで玉を作り続けたんだ。花仙山周辺で古墳時代初めに始まった玉作りは、平安時代まで続いたとされているんだ。3世紀中頃から11世紀までの約700年間も続いた玉作りは他にはないと思うよ。

4『出雲国風土記』の「忌部神戸」

松江市忌部町と、この奈良県の忌部町とは何か関係があるの？

実は「忌部」という文字がついた「忌部神戸」という地域が、奈良時代に存在していたんだよ。733年に編纂された『出雲国風土記』に出てくるよ。「風土記」は奈良時代の天皇が各国の地名や産物などを記して提出させたレポートなんだ。当時の国の数、約60巻が都の天皇のもとに提出されたんだよ。当時のものは残っていないが、手で書き写したものが現在伝えられているよ。中でも内容が詳しいのは『出雲国風土記』だけなんだ。「神戸」というのはね、税を国に納めず、かわりに特定の神社の運営費用を負担していた村なんだ。「忌部神戸」も税を国に納めるんではなくて、代わりにヤマトの忌部氏の指示に従って、ヤマトの王の儀式に必要な品を作っていたんだ。忌部氏は朝廷の儀式を担当する豪族だからね。

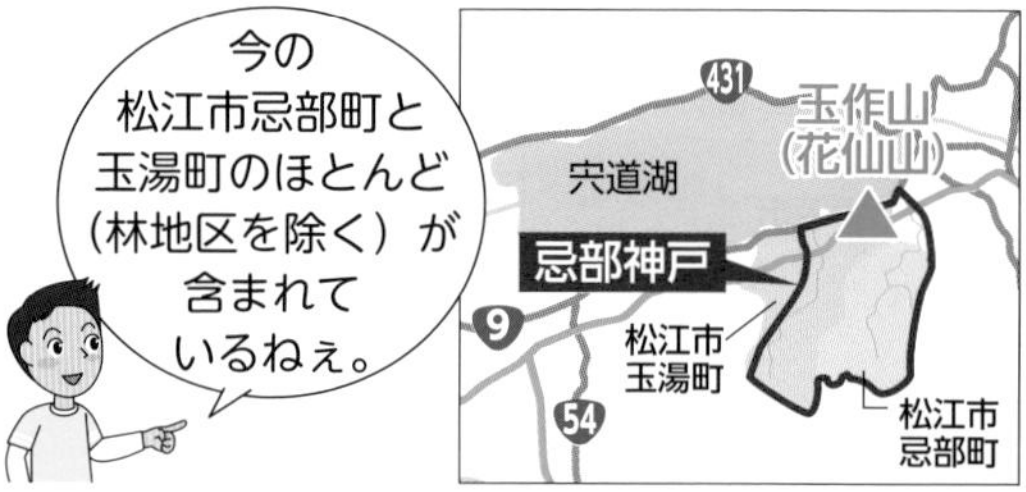

そうだね。玉湯町の忌部神戸では、何を作っていたのかなぁ？あっ、分かった。「玉」だったんだ。

約1200年前に書かれた忌部一族の物語、「古語拾遺」によれば、全国に7か所あるんだよ。

玉湯町の玉作湯神社のご祭神「櫛明玉命」もある。ヤマトのご祭神「天太玉命」は松江忌部町の忌部神社のご祭神と同じだね。

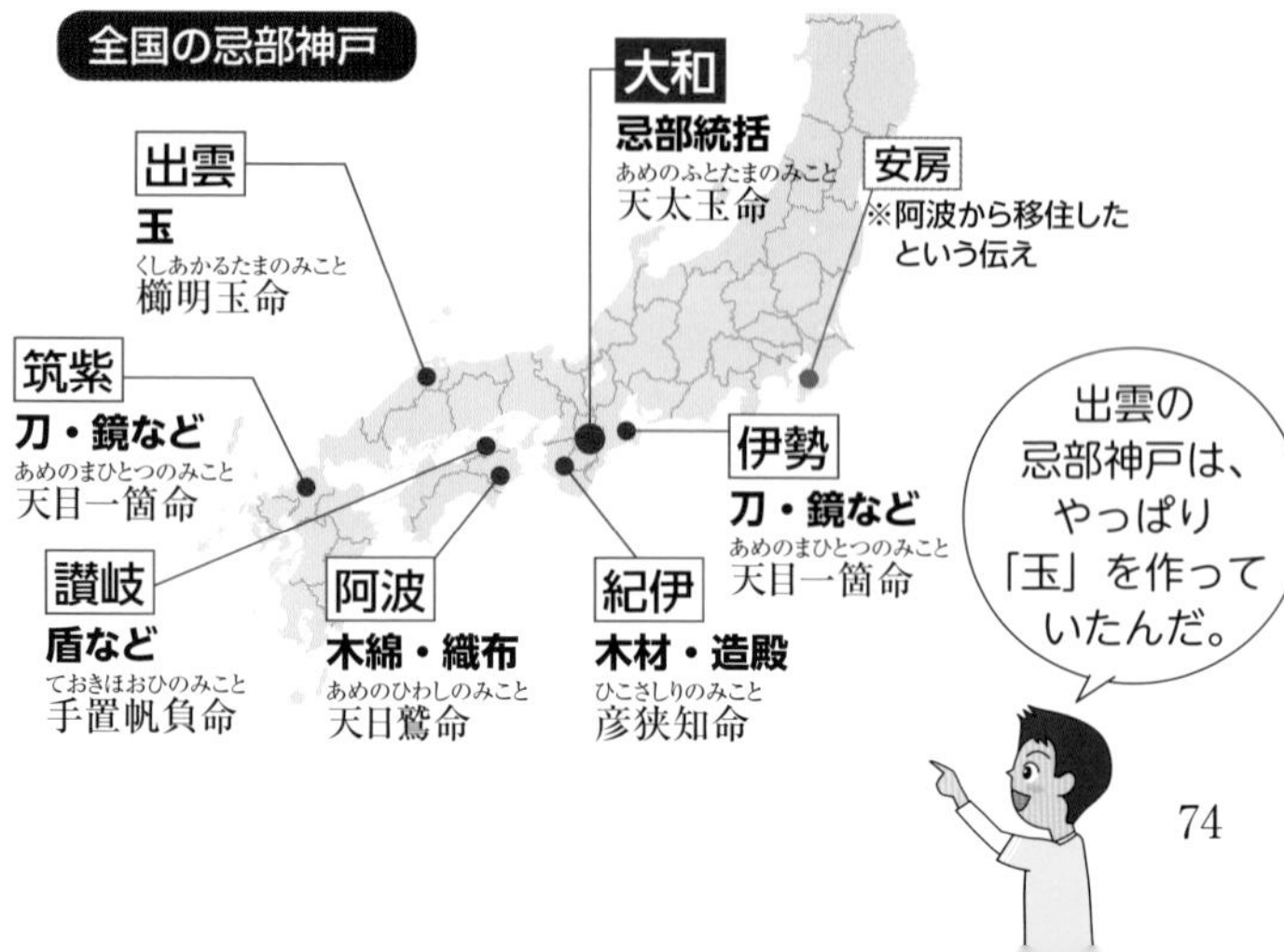

5 古代の出雲とヤマトをむすぶ出雲の玉

マアちゃん、ところでこの『出雲国風土記』の中に「忌部神戸」について重要なことが書いてあるんだ。645年の「大化の改新」以降、実は国司（国の役人）が中央政府から出雲国へやってくるという制度ができるけど、それ以前、出雲国には国造（くにのみやつこ）というトップリーダーがいたんだ。記録によると奈良時代には、代々の出雲の国造家は、亡くなった先代と交代する時、はるばる大和（ヤマト）へ出かけて、天皇のもとで「国造任命式」という儀式をしたんだ。その儀式では「神賀詞」という「のりと」をする。その儀式に、新しい国造は「沐の忌玉」を持参していたんだね。その時には国造をはじめ、約100～200名の神官が一緒に上京するんだ。「みそぎ」というのは、悪いものをとりはらって、清らかな体と心にすること。「忌」という文字には「清らかで美しい」という意味がある。その力をもった玉だったんだ。その「沐の忌玉」を作っていたので、ここを「忌部」という、と書いてあるんだ。しかもこの儀式をするのは、全国でも出雲の国造だけだったんだ。

わかったよ、おじいさん。

奈良時代の『出雲国風土記』が書かれたころ、今の松江市玉湯町や忌部町から、花仙山周辺で作られた貴重な玉が、大和（ヤマト）へ向けて運ばれていったんだ。その頃日本中で玉を作っていたただ一つの所、それが出雲の神戸からだったんだね。

なんでこのルートなの？

「出雲風土記」によると、途中、奥出雲町「三澤郷」にある泉の水を使って「みそぎ」をして行ったのが、このルートだと言われているんだ。

その儀式に使う玉を、玉湯と忌部の地域で作っていたのかぁ。

そうだよ。とにかく、古代出雲とヤマトを結ぶ上で出雲の玉、つまり今の松江市内の地域、忌部神戸で作られた玉は大きな役割を果たしていたんだね。

すごいねぇ。そういう、すごい玉をここで作っていたんだ。じゃあおじいさん、早くその玉を作っていた場所へ連れて行ってよー!!

二人は資料館近くの出雲玉作史跡公園へ向かいました。

出雲国造の神賀詞奏上の旅ルート

忌部神戸
三澤
平城京

どうして「忌部」という地名
（松江市忌部町）

おじいさんの車は玉湯町境の「湯峠」を越えて忌部町内に入りました。

玉湯町と忌部町は奈良時代には、合わせて「忌部神戸」という一つの村だったのに、どうしてその「忌部」という文字が忌部町の町名になっているのかなあ。

それなら、今から、そのマアちゃんの質問に答えることにしよう。

車は忌部公民館前庭に駐車。おじいさんはカバンから「水と緑と花の里いんべ」という地元の方々で作られた、きれいなカラー印刷の折りたたみリーフレット（令和5年2月改訂版）を取り出し、ひろげました。

このページは、マアちゃんのおじいさんが書いたん

どうして忌部という地名？
そのかぎは「玉の森」

今から1300年ほど前の奈良時代、ここ忌部地域は今の玉湯町域とあわせた「忌部神戸」という一つの村でした。その村の中に「花仙山」という良質のメノウの原石を産出する山があり、両地域は、その石を加工する「玉作り工業地帯」でした。

生産した大量の玉は、はるばる大和国（奈良県）で天皇側近として仕え、儀式を担当していた中央豪族忌部氏のもとへ運ばれて行き、式場の玉飾りとして使用されたのです。

当時「忌部神戸」の中心として栄えていたのは玉湯町域でしたので、当然忌部氏は村全体の神様「櫛明玉命」という「玉の神」を祭る神社を玉湯側に設けました。

ところが、玉湯では次第に玉よりも温泉が重視され、平安時代には「湯の神」が優先されました。そういうこともあって、忌部氏は「櫛明玉命」のお墓の場所は、玉湯ではなく、静かで奥まった神聖な雰囲気の忌部を選んだのです。その墓所こそ、忌部神社下方にある「玉の森」でした。

江戸時代、1763年の古文書によると、元々直径約10m級の古墳（忌部の豪族の墓）を「御陵地」として定めました。それが1717年の大洪水で変形縮小したのが今の姿です。

忌部氏は、この「玉の森」新設に象徴されるように、忌部地域に一段と愛着を持ちかかわりを深めました。

その結果、「忌部」という中央豪族名が地名として生き続けることになったのです。

（宍道 正年）

だね。

平安時代の800年代半ばに書かれた『日本三大実録』という書物では、玉湯町の玉作湯神社のご祭神は「湯神」になっているそうだ。やがて11世紀末の土地台帳には玉湯が「湯郷」、忌部が「忌部郷」と記されている。宝暦13（1763）年の古文書は『雲州御陵考』のこと。元禄13（1700）年の古文書『忌部大宮濫觴記』には「玉の森」が「土饅頭形塚」と。享保2（1717）年の大洪水のことは『名勝史蹟及天然記念物』（大正8（1919）年）に書かれている。大水でくずれて、約5間（約10メートル）四方だったのが、一間半（約3メートル）四方になったと。

へえー、そうだったの。じゃあ、すぐその「玉の森」へ行ってみようよ。

そうなると思って、おじいさんは前もって忌部公民館に電話して、お願いしておいたんだよ。

二人は歩いて、すぐ近くの忌部神社の境内入口へ。そこには令和5（2023）年1月に建てられた「玉の森説明板」が。その右下方に一本のタブノキの大木が立つ「玉の森」が見えます。二人は畑の横の小道を気をつけながら、到着。真新しい標柱も立っていました。すぐさまマアちゃんが。

おじいさん、ここは玉の神様のお墓にふさわしい所だよ。

確かに、この「玉の森」が豪族忌部氏と忌部町をつないだカギだったね。

忌部公民館
TEL 0852-33-2010

「玉の森」標柱
長岡恵造さん製作

「玉の森解説板」の右下方に「玉の森」

「玉の森」近景

「玉の森」遠景

玉の森

～忌部と中央豪族忌部氏との深いかかわり～

今から約一二〇〇年前、奈良時代から平安時代にかけて、天皇の側近で朝廷の儀式担当であったならの大豪族忌部氏。式場を飾る玉を供給するため、当時全国ただ一か所の玉生産地で、良質の原石メノウを産出する「花仙山」に隣接する今の玉湯町と東、西忌部町を支配する。

奈良時代の七三三年に編さんされた書物「出雲国風土記」には、この両地域が「忌部神戸」という特別な村として記されている。玉の製作工場数や生産量からみても、村の中心地は忌部ではなく玉湯地域であった。しかし、なぜか忌部氏は、村のご祭神「櫛明玉命」の墓地を玉湯ではなく、忌部に設けた。言い伝えによると、その現地がここから右下方に見える一本のタブノキの大木が立つ場所「玉の森」である。

元々、古墳時代の小さな古墳（地元忌部の豪族の墓）であったが、大正八年（一九一九年）に刊行された島根県内務部「名勝史蹟及天然記念物」によると、江戸時代の享保二年（一七一七年）の大洪水で墳丘が流出したという。大きく姿は変わったが、平安時代以降、ご祭神の墓としての厚い信仰が現在も続いている。

忌部氏がこの地を選んだのは、忌部地域をとりわけ宗教性の高い神聖な所として格別の思いを抱き、重要視したからであろう。豪族忌部氏との深いかかわりから、その後の当地の地名「忌部」につながったと考えられる。その証こそ、この「玉の森」であろう。

文　宍道正年

公益財団法人いづも財団助成金により建立

「玉の森解説板」（令和5年1月22日設置）＝写真は読みやすくするため、色を変更しています。

チェリーロード秘話（松江市島根町）

お花見のシーズンが近づいてきた3月のある日の夕食時です。話題は桜の名所。

日本中に桜の名所は数多くあるけど、その中におそらく一か所だと思うけど、花そのものの美しさに加えて、地域の人々の、ふるさとを思う熱い心で、美しく咲きほこった所があるんだよ。

へえー。郷土愛で咲いたのか。

故郷を離れた方々のグループ「ふるさと会」から、郷里の村の道路開通をお祝いした、数百本の桜苗木寄贈から始まり、その植樹作業から、その後の下草刈りなど長年の維持管理を、すべて地域の青年団、老人会、婦人会の手で実行したんだ。それが松江市島根町のチェリーロード。

島根町なら知っているよ。ぼくの友だちもいる。

おじいさんは以前、島根町で3年間勤務していたんだ。平成元(1989)年4月、赴任した最初の日びっくりしたよ。日本海のコバルトブルーを背景にした桜並木「チェリーロード」が、行けども行けども続いているんだ。さらにびっくり。そのルーツがすごい。感動したおじいさんが取材した内容を脚本化。やがてトントン拍子に小学生から高齢者まで延べ170名の町民の方々が出演する、約40分のビデオドラマ「チェリーロードわが町」が、翌年4月に完成したんだよ。その制作途中のロケの様子が、4月5日民放テレビの全国生中継で紹介されたんだ。すると、たまたまその番組を見ていた東京の出版社の方から、翌日、おじいさんに直接、原稿執筆依頼の電話。次の平成3年度から小学校5年「道徳」の全国版準教科書に載ったんだよ。それから平成15年度まで連続13年間掲載されたんだ。

松江市島根支所
TEL 0852-55-5720

チェリーロードの成り立ちもすばらしいけど、その25年後にビデオドラマを手作りした、島根町のみなさんの郷土愛と団結力もすばらしいねえ。

みんなで考える道徳　5年
宍道正年作　「チェリーロード　—桜を守る青年たち—」

小学校5年道徳の準教科書『みんなで考える道徳』（株式会社日本標準発行）の中に、平成3年度から平成15年度まで連続13年間掲載されました。その本文の著作権は筆者にあるという株式会社日本標準のご理解をいただき、今回はそのさし絵を新たに変更して次ページ以降に紹介します。
なお、「郷土愛」の高揚をめざして書き上げたフィクションです。

VHSビデオ　ビデオドラマ
「チェリーロードわが町」（約40分）
1990年4月（平成2年）
企画制作
　島根町・島根町教育委員会・
　島根町観光協会・
　島根町ビデオドラマ制作実行委員会
撮影　㈲アートビデオ（現在エイアールティ）
シンセサイザー　三保和典
脚本　宍道正年
プロデューサー　田中豊

TBSテレビ系
モーニングショー
八波一起と清水由貴子
のワンダフルピープル
「桜満開島根県島根町
のチェリーロード」
全国生中継の現場
（右から4人目が八波一起さん）
1990年4月5日（平成2年）

「みんなで考える道徳」5年 より

チェリーロード ―桜を守る青年たち―

宍道正年 作

昭和四十年十一月も終わりのある日のこと。

ヒユーン、ヒユーン、ヒユーン。

夕方から、真冬を思わせるみぞれまじりのつめたい季節風がふきあれた。風速二十メートルはあるだろう。この冬いちばんの強風だ。

「たいへんだ。このままではサクラのなえぎが……。チェリーロードがあぶない。」

村の青年団長の正一は、急いで雨ガッパに着がえると、

「今から野波道路へ行ってくる。」

と言うなり、物置から長さ一メートルほどのささ竹ひとたば、あらなわひとまき、そしてカケヤ（くいなどを打つ木でできた道具）をとりだしてかたにかつぎ、片手にかいちゅう電とうを持つと、いちもくさんに走りだした。

島根県八束郡島根村。日本海に面した島根半島の北のはしにあり、昭和三十一年に、大芦村、加賀村、野波村の三つの村が合併してできた村である。

しかし同じ村の中で、加賀村と野波村の間、五キロメートルには道路がなく、村人は『島根丸』という五トンあまりの小ぶねに乗り、一時間半もかけて行き来しなければならなかった。

昭和三十六年、村人たちがまちにまった『野波道路』が開通した。村人ばかりでなく、当時、となり町の松江市にうつり住んでいた『島根村人会（村出身の人たちの会）』もたいへん喜び、

「わたしたちにとっても、こんなにうれしいことはありません。おいわいとして、道路の片側（海側）に植える、吉野桜のなえぎを五百本プレゼントしましょう。」

と村長にもうしでた。村の青年団も、

「村長さん、そのサクラのなえぎを植える仕事、ぜひわたしたちにやらせてください。サクラは若木、島根村ののびゆく青年のシンボルです。サクラを通じて新しい村づくりをしましょう。」

こうして昭和三十九年四月九日、村の青年団によって、五百本のサクラのなえぎが植えられ、チェリーロード（桜並木）が誕生した。

正一の前方に、やはり同じようなかっこうをした村の青年団のなかまたちが、野波道路の入り口に向かって走っていた。

「やったー。まにあったぞー。」

高さ一メートルほどのサクラのなえぎは、どれも今にも折れんばかりに弓なりになっていた。

さっそく青年たちは、ささ竹を三本ずつなえぎにあてると、カケヤで上から打ち込み、その上をぐるぐるとあらなわできつくしばっていった。

しかし時がたつにつれ、夜の寒さはきびしくなるいっぽうで、午後十一時をすぎるころには、寒さははだをつきさし、粉雪がまい、路面もコチコチにこおりはじめた。

「手がつめたくてなわがむすべない。」

「足の指がかじかんで、感覚がなくなってきた。」

「やっと二百本終わっただけだ。まだ三百本も残っている。」

さしもの青年たちも寒さとつかれのため、しだいによわねをはくようになってきた。団長の正一自身、もうだめか、二百本だけでも守れればいいかと、なかばあきらめかけていた。

ところが、ちょうどチェリーロードの中間点あたりにさしかかった時だった。なえぎのなかの一本が、カズラ（ツル性の植物・雑草）にまきつかれ、むざんにかれてしまっていた。

「あっ。なんてことだ。この風でたおれるならまだしも、カズラにまかれてしまうとは……。」

青年たちはみんな力なく、そのなえぎのまわりに集まってきた。

正一はその時、六月に青年団員といっしょになえぎの下かり作業（若木を保護するため、下草をかること）を手つだってくれた村の老人クラブの人たちのことばを思い出した。

「いいかー、正一。こまめにしっかりとまわりの雑草をからないと、サクラは大きくならんぞ。いいかげんに下かりしていて、もしカズラでもまきついたら、サクラがかれてしまうぞ。」

正一は、お年よりたちが、こしをまげ、あせをかきながら働いていたすがたを思いうかべた。

そして大きな声で、

「おい、みんなもうひといきがんばろう。このサクラのなえぎは、村のお年よりのみなさんも、いっしょになって育ててきたんだ。」

「婦人会のみなさんだって、おうえんしてくれているのよ。」

そばにいた恵美子が、負けないくらいの大きな声で言った。

「みなさんがいっしょうけんめいお世話をしても、運悪くだめになるなえぎもあるでしょうから、来年の春、百五十本のなえぎをおくらせていただくことにしました。きっと毎年毎年、満開の美しい花をさかせて、わたしたちの心をなごませてくれるでしょうね。その日がまちどおしいわね、って。」

「そうだよ。あの老人クラブの人たちだってかけつけたがっていると思うんだ。心配で心配でじっとしていられないんじゃないかな。その人たちの分もがんばろうよ。」

さっきまで、つかれと寒さで半分あきらめかけていた青年団員たちも、おたがいの顔を見つめあい、はげましあって、もくもくと働き続けた。

そして、ついに明けがた近くの四時ごろに、一本残らず支柱をたて終わった。

こうして、五百本のサクラのなえぎは、青年団の必死の努力で守られたのである。

やがて、風も雪もそのようにおさまり、おだやかな初冬の日の出をむかえた。

サクラの小枝につゆがひかり、正一たちにはとてもさわやかで、まぶしくうつった。

チェリーロード

コバルトブルーの日本海をバックに

若き女性参政権獲得運動家
富山マチノ（雲南市大東町）

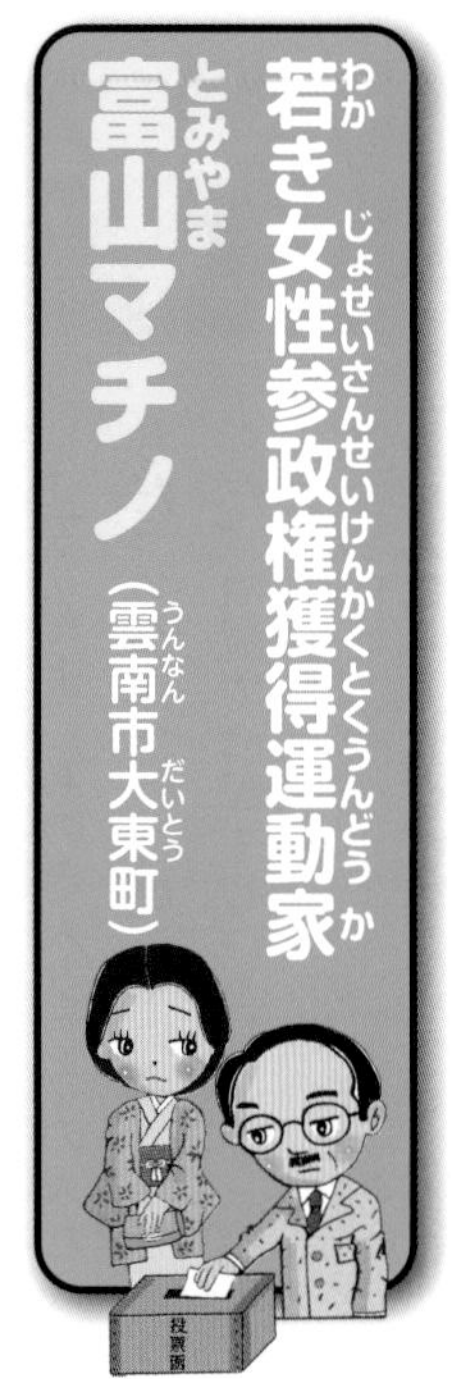

おじいさん、今日、社会科の授業で、選挙や参政権のことを勉強したよ。ぼくが一番びっくりしたのは、昔、女性に参政権がなかったことだ。今では当たり前のことが、第二次世界大戦後の昭和21（1946）年の衆議院議員総選挙の時、やっと実現したんだね。

そうなんだ。それより20年以上前の大正13（1924）年、今でも年輩の方は名前をよく知っておられる市川房枝さん（戦後参議院議員として活躍。昭和56（1981）年没）などを中心に、「婦人参政権獲得期成同盟会」（婦選獲得同盟）という団体が結成され、女性参政権運動が、本格的に始まったようだ。その市川房枝がリーダーシップをとった女性参政権運動に加わって、特に市川と直接、親しく深く交わりをもった若い女性運動家がいた。その人は、私たちに身近な雲南市大東町海潮出身の富山マチノ。明治41（1908）年5月4日、大東町須賀（海潮地区）生まれ。海潮尋常高等小学校卒業後、大正13（1924）年4月京都市内の高等女学校へ入学。昭和3（1928）年4月、市内の新聞社へ就職。その頃から女性参政権運動にまい進したようだ。昭和5（1930）年2月。21歳のマチノは、京都から郷里大東へ帰り、衆議院総選挙島根県第一区の立候補者の木村小左衛門の応援演説をしている。当時、女性の応援演説はめずらしく、人だかりがした。マイクなしでも力強くできたそうだ。その年12月、婦選獲得同盟「京都支部」が結成された際、マチノは22歳の最年少で「幹事」に抜てきされた。その後、京都支部の活動資金の担当を任されていたのか、昭和7（1932）年から二人の間が親密になっていたことがうかがえるね。しか

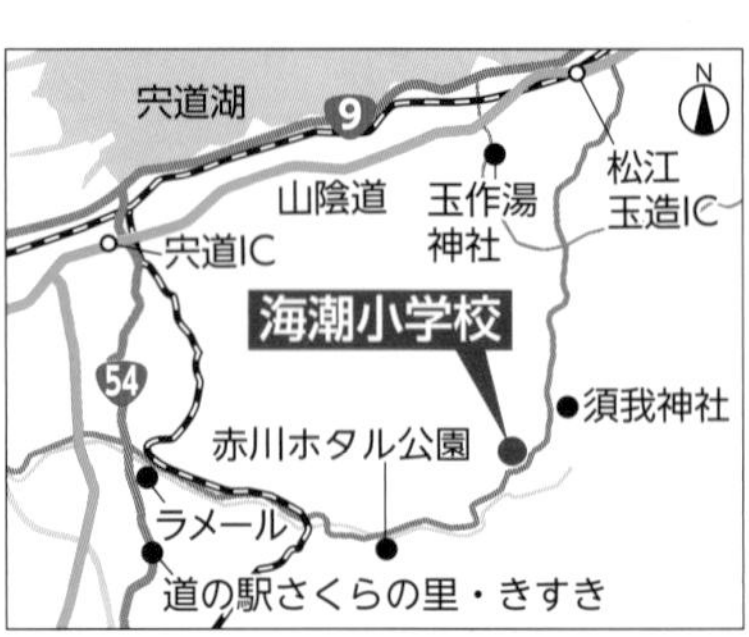

宍道湖
9
山陰道
玉作湯神社
松江玉造IC
宍道IC
海潮小学校
54
須我神社
赤川ホタル公園
ラメール
道の駅さくらの里・きすき

し、残念なことに、この頃から、マチノは結核の病におかされてしまう。とうとう昭和8(1933)年6月、療養のため帰宅中のマチノが、市川に最後の封書を送った2か月後、わずか25歳で、自分の目標を達せないまま無念の死をむかえてしまったんだ。

お気のどくだったねえ。それにしてもそういう前向きの若いエネルギッシュな女性活動家が、島根県から生まれたこと自体すごいことだよ。

おそらく、予め病床で、両親にお話されていたんでしょう。マチノは自分が志半ばで終わった、だから、女性参政権獲得の夢を未来へ、郷里の子どもたちにつないでもらいたい、と。両親はその後、石灯籠一対を、お世話になった母校へ寄贈された。マチノには、自分を育てていただいた学校への感謝と、これから後輩の子どもたちに、自分の望みを託そう、という気持ちがあったからね。

もし、あのまま富山マチノがお元気で生きつづけられたら、きっと、島根県初の女性国会議員になられたと思う。

マチノの姉の孫、安部美保子姉妹が、平成26(2014)年ごろから、2年間、東京や京都まで出かけて、マチノと市川房枝との関係資料を調査された。おじいさんは平成28(2016)年に、その資料の解読や海潮小学校校庭の「石灯籠」の調査を安部さんから依頼されたんだ。

ぜひ、その「石灯籠」を見たいね。

前もって小学校へ通知して、許可をいただいてからにしよう。

少女時代の
富山マチノさん
＝海潮尋常小学校6年
卒業記念写真より

富山マチノさんが市川房枝氏に宛てたはがき
（公益財団法人市川房枝記念会女性と政治センター所蔵）

富山マチノさんが寄贈した石灯籠を前に、思いをはせる安部美保子さん（左から2人目）ら
＝山陰中央新報　2016.12.28掲載記事より

2つの横穴式石室をもつ、県内唯一の前方後円墳（安来市伯太町赤屋）

おじいさん、社会科の授業で古墳の種類を習ったよ。方墳と円墳がひっつくと、ルームキーのような形の前方後円墳になるね。考古学者は、古墳の墳丘に、たくさん木が茂って、山林になっているのに、よく古墳の形を見分けるんだね。

いやいやマアちゃん、樹木がじゃまして、見まちがえることもあるんだ。円墳が2つ並んでいた、と考えていたのに、実は前方後円墳だと訂正した場合もあるんだ。例えば安来市伯太町赤屋の小丸子山1・2号墳。昔は小丸子山1号墳（円墳）と2号墳（円墳）と考えられていたのに、平成23（2011）年の調査報告書では全長約30メートルの「前方後円墳」になった。しかも、前方部と後円部のどっちにも、遺体を納める横穴式石室を持つ、前方後円墳ということになった。マアちゃん、これはビッグニュース。びっくりだよ。松江市持田町の薄井原古墳のように「前方後方墳」で2つの横穴式石室をもつ例はあるけどね。「前方後円墳」で2つの横穴式石室をもつとは。そういう例は、島根県にはないんだ。ふつうは後円部に1つの石室をつくり、前方部では、墳丘の上で葬式のような儀式を行い、石室は設けないんだよ。そこで、おじいさんが親しい考古学研究者にたずねてみたら、「伯耆（鳥取県西部）に似たようなものがありそう。」と。そこで、さっそく図書館で『新鳥取県史』（2020年発刊）を開いて見つけたんだ。それは、米子市別所の別所1号墳。全長27メートルの前方後円墳で、赤屋の小丸山古墳と同じように、後

後円部
前方部
前方後円墳

円部と前方部に一つずつ横穴式石室をもつ。時期は古墳時代後期（6〜7世紀）。

地図で見ると、伯太町赤屋から、直線距離で約14キロほど。割と近い所だね。

さらに興味深いのは、この二か所の古墳の立地条件が似ていることだね。ふつうの場合、古墳は、水田や集落のある、平野を見おろす場所につくられる。ところが、この別所1号墳からは、平野ではなく、見おろせるのは台地。この台地の中には当時、「交通路」が走っていた。つまり別所1号墳に葬られた豪族は、死後のことだけど、古墳から下方の「交通路」を見ていたことになる。一方、小丸子山古墳の立地は、赤屋地域中心部の低い谷から登った山の尾根。古墳からは、谷間の平野は見えない。見えるのは、県境へ向けて連なっていく山の尾根ばかり。当時その尾根は、「交通路」になっていた。つまり、小丸子山1・2号墳の豪族も別所1号墳と同じく、死んだのちも、「交通路」を遠目に見ていたことになるね。

米子の別所1号墳と赤屋の小丸子山古墳は両方とも交通の要につくられた古墳だねえ。ということは、2つの古墳は関係がありそうだねえ。

今のところ、2つの横穴式石室をもつ前方後円墳は、鳥取県では西部の「伯耆」でも西側の「西伯耆」の別所1号墳だけ。東側の「東伯耆」にはない。島根県では赤屋の小丸子山1・2号墳だけ。今でこそ別の県だけど、古墳時代には、米子方面と赤屋は距離も近いし、同じ一つのエリアの中にあったかもしれない。あくまでも推測だけどね。当時（6〜7世紀）、赤屋地区は、

一口メモ

石室とは豪族の遺体を納めるため、石をレンガのように積み上げてつくった部屋。入口に扉があって、何度も、遺体を入れることのできる「横穴式石室」と、上から天井の石をのせて一度限り遺体を入れる「竪穴式石室」がある。

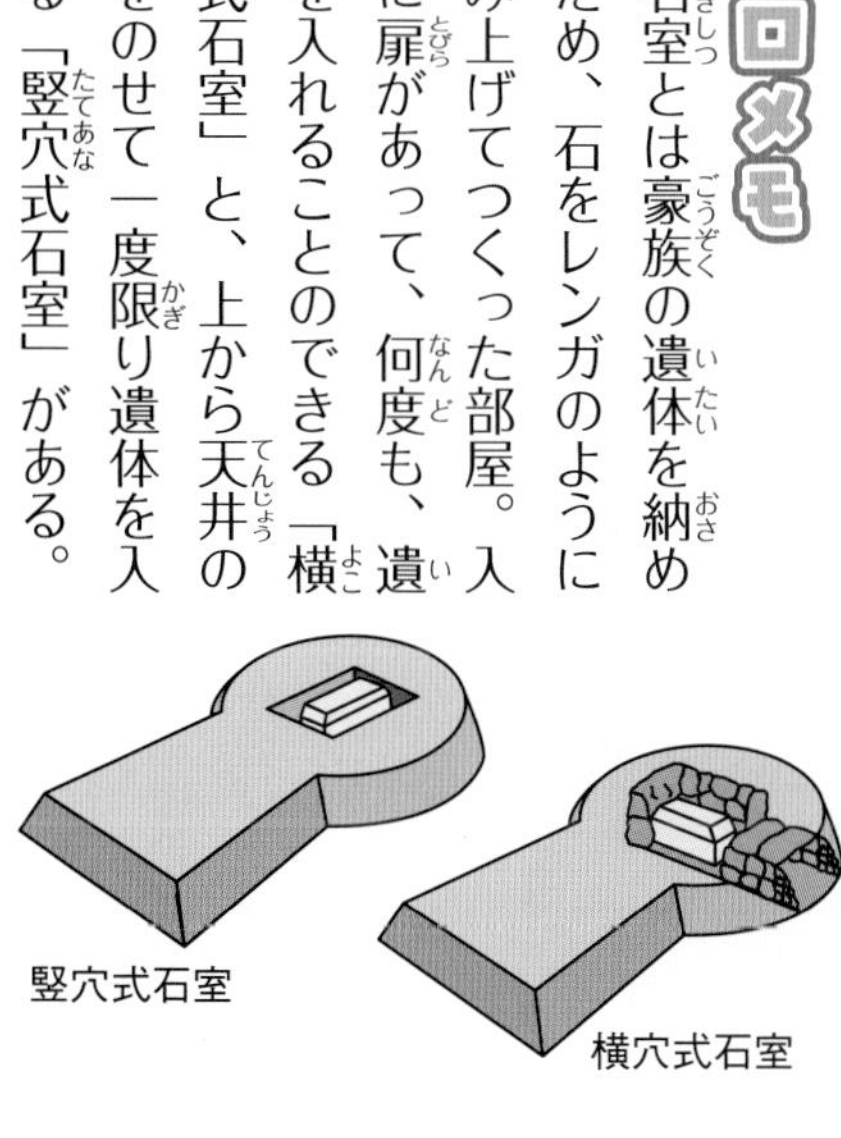

出雲地方と西伯耆地方を結ぶ「交通路」上に位置する、重要な場所だったんだよ。伯耆側から見れば出雲の玄関。出雲側からは、伯耆へ向けての出口。赤屋地区の山々の尾根沿いに、東から、西から人々が盛んに行き交っていた。そうした、にぎわいで栄えた赤屋の村のリーダー（豪族）が、交わりのある米子・別所の豪族の影響を受け、同じ特徴をもつ古墳をつくった、とね。

ともかく、今の鳥取県西の端から島根県東の端の、ごく限られた範囲にだけ見られる、古墳の共通スタイルだね。米子側と赤屋側の間でいろいろ交流があったからこそ、前方後円墳の後円部と前方部それぞれに一つずつ石室をつくるという共通点が生まれたんだね。

小丸子山1・2号墳前方部の石室

小丸子山1・2号墳後円部の石室（全長7m、幅1mの可能性）

おじいさんが、赤屋の小丸子山1・2号墳を見に行ったのは、令和3(2021)年3月25日。土砂に埋まっていたけど、2つの石室は確認できたよ。盗掘されていて、こんな状態（写真）。なお、令和4年5月には、安来市教育委員会によって測量調査がされ、全長は約35メートルにもなった。前方部の高さ約3メートル、後方部の高さ約5メートルの前方後円墳だということがわかった。

けっこう大きい古墳だねえ。ぼくも行ってみたいなあ。

赤屋の小丸子山1・2号墳は個人所有地だからね。必ず前もって赤屋交流センター（TEL0854—38—0145）へ連絡して出かけよう。

墳丘推定図

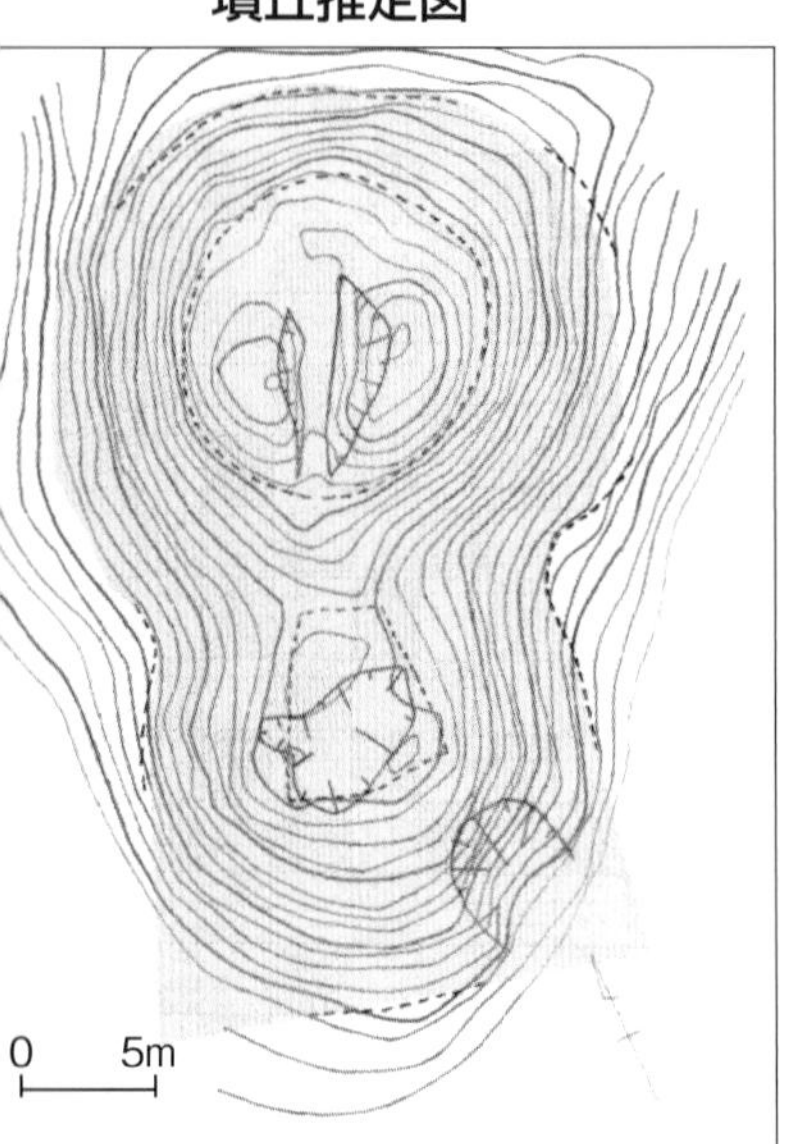

小丸子山1・2号墳測量図
（安来市教育委員会提供）

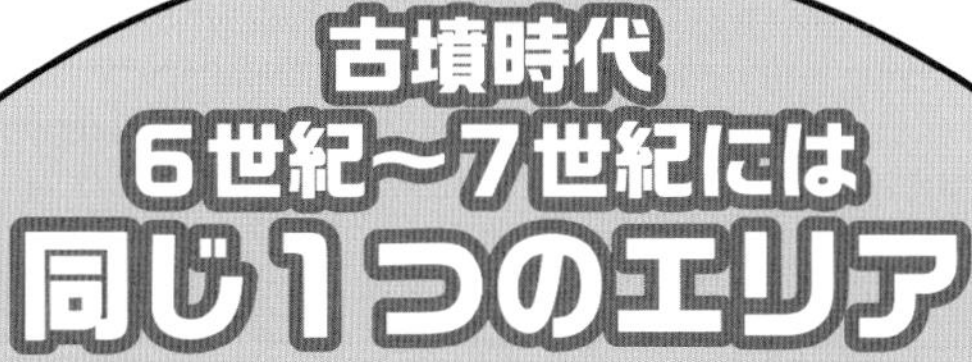

出雲
島根県最東端

西伯耆
鳥取県西端

共通点

赤屋の
小丸子山1・2号墳

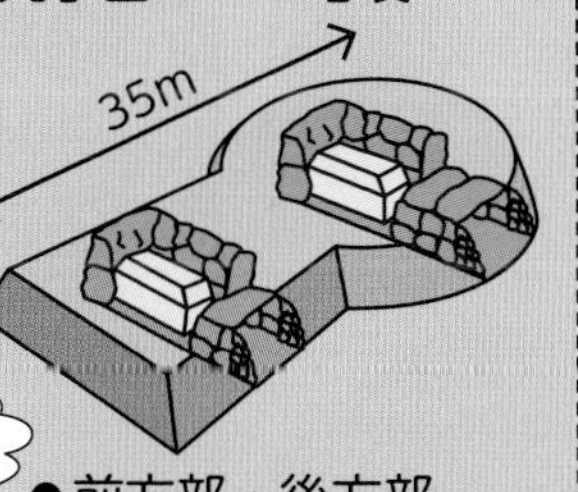

●前方部・後方部
横穴式石室2基

遠目に見る

尾根筋につづく
古代の交通路

米子の
別所1号墳

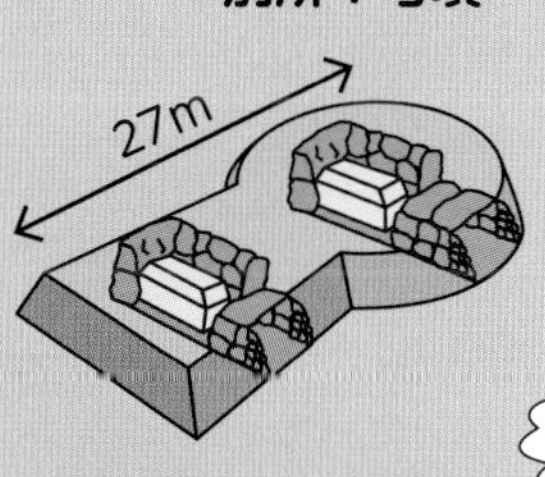

●前方部・後方部
横穴式石室2基

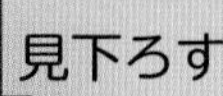

台地の中の
古代の交通路

出雲の玄関口

赤屋

伯耆への出口

さかんに行き来して互(たが)いに交流していた

だから豪族の墓
「古墳」も同じスタイルに
（立地・墳形・石室）

周藤弥兵衛の工事前の日吉の意宇川（松江市八雲町）～池を経由して流れていた～

はじめに

江戸時代のこと。

今の松江市八雲町日吉は、意宇川のたびかさなる洪水に悩まされてきた。その解決策は、正面に立ちはだかる剣山を開さくし、それまで急屈曲していた川筋を真っすぐに直す工事しかなかった。企画し、実施したのは、当時意宇郡（今の東出雲町から西へ宍道町までの範囲）の下郡（百姓のトップリーダー）をしていた日吉村の周藤弥兵衛家初代家正。慶安3（1650）年から第一期工事が始まり、その後、3代良刹の第二期と第三期工事そして6代兵蔵の追加工事で計約100年かけてやっと完成し、今の姿になった。その後水害は

銅像前「説明板」

周藤彌兵衛翁（一六五一～一七五二）

八雲町の山麓から流れ出る意宇川は、江戸時代初期には急屈折と蛇行を繰り返す川でした。そのため、大雨の時はたびたび堤防が決壊し、地域全体が泥海化する水害が多発しました。その惨状を憂え、慶安三年（一六五〇）から三年間、新たに直進する川筋に変える「川違え」と「切り通し」の工事に取り組んだのが、日吉村（現在の松江市八雲町日吉）の豪農周藤彌兵衛家初代家正でした。

その祖父の遺志を継いだ三代彌兵衛良刹は、宝永三年（一七〇六）五十六歳の時から、延享四年（一七四七）九十七歳に至る実に四十二年もの年月をかけ、工事をやりとげました。巨額の私財を投じ、百歳近くまで孤軍奮闘の努力をした良刹の人間像は、今に至るまで語り継がれています。

さらに、明和三年（一七六六）に六代兵蔵の追

ほとんどなくなったし、旧河川跡が新たな水田となって、米の増収にもつながった。今でも、周藤弥兵衛の偉業をたたえる地元の顕彰会（会長矢野秀行氏）の活動がさかんに行われている。

毎年5月になると、松江市八雲町日吉の意宇川の川辺に、きれいな壮大なコイノボリの大群が空を泳いで、みごとだね。そのつい近くに、小学校4年社会科の学習場所があるんだ。小学校3・4年生社会科副読本『わたしたちの松江』に「周藤弥兵衛さん」という内容で紹介されている。

周藤弥兵衛銅像、左前に説明板

加工事が行われ、その後、水害は激減し、旧河道の地内には広い田畑も生まれ、地域の繁栄と人々の幸せにつながりました。良刹は宝暦二年（一七五二）百二歳の天寿を全うしました。

周藤弥兵衛銅像の前に立つ説明板の文章（作文は宍道正年）

うん、ぼくも4年生の時、見学はしなかったけど、勉強したよ。川が急カーブする所で洪水を起こすから、剣山を切り通して「切通し」をつくり、まっすぐな川筋にして洪水をなくした。その大工事を思いついてやりとげたのは、地元の周藤弥兵衛家正、孫の3代良刹そして6代の兵蔵の3人。3人で100年もかけて完成。大変苦労を重ねた3人の偉人。

実は、おじいさんは、平成21（2009）年5月、松江市内のある小学校4年担任の先生から、「周藤弥兵衛と意宇川」のゲストティーチャーを依頼されたんだ。そこ

中海
N
武内神社
八重垣神社
432
切通し
9
意宇川
神魂神社
日吉ふれあい会館
周藤弥兵衛銅像
堤防跡
東山雲IC

で、さっそく現地へ出かけた。まず、初代家正が慶安3（1650）年に工事を開始する前に流れていた、旧意宇川の川跡を見た。元の川の中は、新しい、今の意宇川ができた後、川の水がないから、土地となって、水田や畑そして宅地になっている。さっそく目についたのは、引野慎治氏の宅敷地内に残されていた、土手のような高まり。それをおじいさんは、旧意宇川の左側堤防の一部だと断定したんだよ。幅約15メートル、高さ約3メートル、長さ約50メートルもあったからね。それ以降、社会科見学学習の講師として、子どもたちにそう教え続けてきたんだ。ところが最近、自分が考えついた、「左岸堤防説」に自分自身首をかしげてきたんだ。そのわけ。仮に日吉サニーハイツの山すそを、川の右側だとすると、川幅100メートルにもなってしまう。意宇川中流としては広すぎる。水の流路はせいぜい幅10～20メートルでよいのではないか、とね。

そこで改めて、日吉地域の地図（『八雲村誌』掲載）を見直した。目に入ったのが、「池尻」「池端」「川原」「川田」という地名。「池尻」は文字通り、池の終点、「池端」は池のはしっこ、「川原」は水辺の水がなくなって砂や石でできた川沿いの平地。「川田」は元の川が水田になった所かな?というふうに解釈できる。それらを線で結ぶと、ほら、「池」を上下にはさんだ川筋ができたよ。

おじいさんは赤い線で示した池と旧意宇川の地図で示しました。

なるほどねえ。確かにそうなるね。

そうすると引野さん宅の裏の土手は「川の堤防」という言い方より「池の堤防」という言い方がふさわしくなる。水の流れ全体で見れば「左側堤防」でまちがいないけどね。

どうしてこの場所に池をつくったのかなあ。この池は貯水して、「ため池」のように農業用水として使っていたかもしれない。

旧意宇川が洪水を起こす原因となった場所は、日吉の平野の東、谷の奥の急カーブ地点だと考えていたけど、ひょっとして、この池で水が満水となって周囲の堤防が切れた場合も考えられるね。また「池」や「川原」の地名として残るということは、相当長い年月、存在してい

「地籍図」から想像し作製した地図

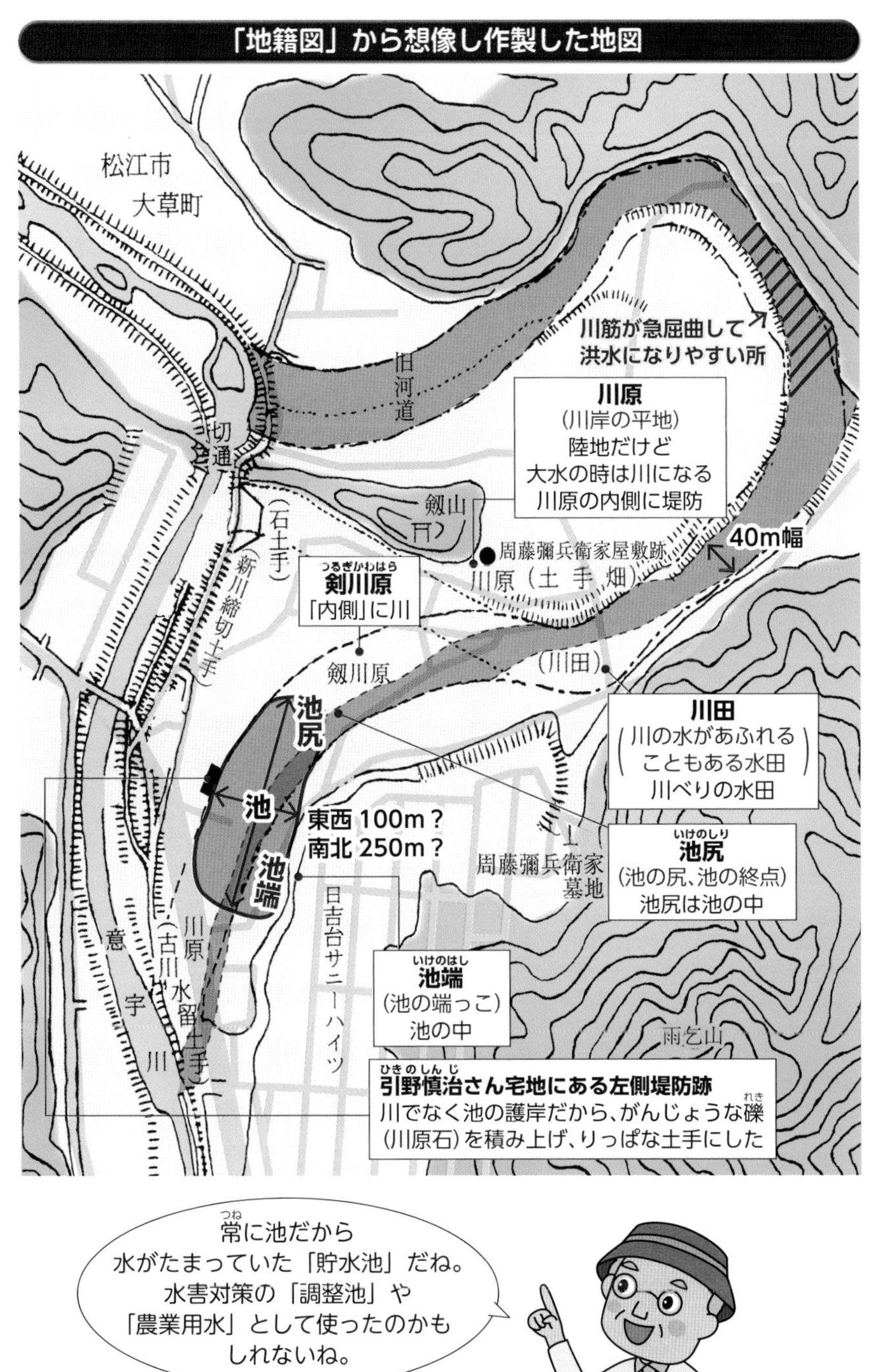

常に池だから
水がたまっていた「貯水池」だね。
水害対策の「調整池」や
「農業用水」として使ったのかも
しれないね。

たからだろうね。

ふーん、そうかもしれないね。

それから日吉の谷の奥に向かって急カーブする河道に沿って、両岸に二重堤防のような土手がつづいているけど、これらは人工的にできた所もあるし、川の流れによって自然にできた「自然堤防」として形づくられた所もあるかもしれないね。江戸時代の前半、全国的に流行した大規模な治水技術を取り入れたのではないかと、以前、平成24(2012)年におじいさんは提案したけど……。いずれにしても今回、思いついた「池」のことも含め、もっともっと、土木工学やボーリング調査の専門家の方々に研究して教えていただきたいね。

写真右側の護岸堤防（人物が立っている）の左側に幅100m超の「池」が想定できる

二番目の意宇川跡が近年の大雨時には、水田が冠水してこのような状況に
（矢野秀行氏提供）

日吉、意宇川新発見の「池」の跡地（現在休耕田、宅地）

（表）

（裏）

DVD
『親子で学ぶ周藤弥兵衛の「切通し」と「川違え」』
2012年3月（平成24年）
時間：17分
企画制作
周藤弥兵衛顕彰会
松江市八雲公民館
原作・脚本　宍道正年

周藤弥兵衛の工事総括

その当時１期～３期工事の概要

期	当代	切通し開削工事		川違工事等		合　計	
１期	家　正 (藩直営)	9,520人	333俵	83,700人	2,951俵	93,220人	3,284俵
２期	良　剎 (自費)	9,750人	341俵	15,050人	527俵	24,800人	868俵
３期	良剎・兵蔵 (自費)	15,600人	546俵	33,000人	1,155俵	48,600人	1,701俵
合　計		34,870人	1,220俵	131,750人	4,633俵	166,620人	5,853俵

現在の工事費に置き換えると…

期	工　事	金　額	備　考
１期	切通し開削工事	4,200万円	2,800㎡
	川違工事他	25,500万円	
小　計		29,700万円	藩工事
２期 ３期	切通し開削工事	7,800万円	6,400㎡
	川違工事他	15,500万円	
小　計		23,300万円	良剎自費工事
合　計		53,000万円	

平成14年八雲村企画振興課発行『周藤彌兵衛』より

三代周藤弥兵衛良剎墓石
中央二墓のうちどちらか

剣山を切通し（開削）

１期施工　２期施工　３期施工

１期 1650年～1652年（家正）　幅７間（12.7m）　高さ６間（10.9m）開削
２期 1706年～1710年（良剎）　幅10間（18.2m）　高さ７間（12.7m）まで開削
３期 1711年～1747年（良剎）　幅14間（25.5m）まで開削
　　 1747年～以　降（兵蔵）　幅15間７分（28.5m）まで開削

松江市八雲公民館発行『周藤彌兵衛と切通し』より

あとがき

宍道正年

「親子で学ぶシリーズ」は、2012(平成24)年1月に第1弾『親子で学ぶ松江城と城下町』を創刊し、その後、11年でとうとう今回の第11弾に達しました。

このたびの拙書『島根の歴史知る知る事典』の目玉は、何と言っても、前編「風ちゃんとドッキー博士のどきどき考古学」です。これまで数多くの考古学関係の読み物が刊行されてきましたが、小学校高学年の子どもでも読めるものは皆無。その点、これは山陰中央新報の『週刊さんいん学聞』という子ども向け新聞に、若手考古学者今井智恵さんと松宮加奈さんのお二人が、とてもわかりやすく執筆された、きわめて画期的な作品です(2019年4月から2020年3月まで26回連載)。これをスクラップブックで終わらせるのは、実にもったいないこと。両学芸員の勤務先、島根県立八雲立つ風土記の丘(松本岩雄顧問、高屋茂男所長)のご理解もいただいて、本書に収めることができました。

後編は「島根の歴史ポケット豆知識」。私がこれまで小学校教師、派遣社会教育主事、定年退職後の松江市役所嘱託、そして今の歴史講師に至る約45年間において、何がしかのかかわりを持たせていただいた地域の歴史事象や人物の中で、特に選んだいくつかを紹介しました。いずれも、子ども世代と大人世代に通じる「ふるさと学習」へ発展が期待できる素材を選んだつもりです。今回から小学校6年生のマアちゃんの「お父さん」から「おじいさん」に変えました。さすがに75歳になって「お父さん」とはいきません。

(1)鹿島町に驚くべき先人増田渉。全く知らなかったことを私自身恥じています。鹿島歴史民俗資料館でわかりやすく常設展示されています。学芸担当の丹羽野輝子様の解説をもとに原稿を書きました。

(2)今では全く栽培されず〝幻の稲品種〟となった安来・荒島の「亀治」と平田・久多美の「北部」。幸運なことにこのたび、この2品種を試食することができました。そもそものことの始まりは、2012年1月24日㈫安来市荒島交流センターへ拙書『親子で学ぶ松江城と城下町』のセールスに出かけた時から。荒島在住の加藤章人様とその際、意気投合し、直ちに交流センター(佐々木弘・佐々木硯俊両館長)のご協力を得て、5月26日㈯から生涯学習講座「荒島ふるさと楽校」の開設(私は常勤講師)。その最終第6回12月1日㈯のこと。「数年前に消滅していた「亀治」の種が茨城県つくば市の研究所から提供され、荒島の水田で蘇った。一方、旧平田市久多美生まれの「北部」は未だに〝幻〟のままで残念。」というようなお話をしました。するると、後日、受講生の山崎みはる様がわざわざ、その研究所の電話番号をメモ書きして送って下さいました。その5年後、2017年3月13日、半信半疑で、その研究所へ電話したところ同市の別の研究所を紹介され、同所で「北部」の種モミが保存されていることがわかりました。しかも、教育用に少量分けていただけることも。

その時点から、話はトントン拍子に進みました。久多美コミュニティセンターはじめ地域の方々のご協力のもとに、地元の永田一芳氏の試験栽培によって実に60年ぶりに、生まれ故郷の久多美で復活したのです。かつて昭和56年度久多美小5年生44名を引率し、西尾彦市翁の生家を訪れた際、子孫の方から「せっかく来てくれたけど、一粒も、何も残ってないよ。」と言われ、「あー、食べたかったなあ‼」と思わず声に出した一人の男子。その子の一言がずっと脳裏に残り、気にかかっていました。平成30(2018)年2月16日、その夢が36年後実現できたのです。

この日、久多美コミュニティセンターで催された同窓会で、元担任の私と一緒に試食ができました。モチモチ感があってとても美味しかったです(試食会当日には、数名出席。欠席の子どもたちには宅配便で精米を少量ずつ送る)。また昭和25年に「北部」を用いて〝米作り島根県一〟になられた出雲市の佐藤義雄様にも何十年ぶりに食べていただけました。

次に、もう一つの課題がありました。それは、「北部」が〝米作り日本一〟の王座を獲得するほどの、多収穫性を有する実証です。実は昭和4年に旧西田村の佐々木伊太郎様が、その栄冠に輝いておられましたが、当時としてはあまりにも多量(反収21俵)だったから、正当な評価をしない人もいたようです。

それに対して永田一芳氏が2019年の3年目の試験栽培でみごと裏付けされたのです。

これまた永田様の前向きのご尽力のおかげでした。また佐々木伊太郎様の曽孫、敏一様には、「米作日本一」受賞の際の貴重な資料を提供していただき、その上、今回の「日本一」実証栽培時には、籾摺り機で精米作業を手伝って下さいました。さらに昭和25年に「北部」で「米作島根県一」になられた出雲市稲岡町の佐藤義雄様には、2017年秋、久多美の試験田において、約60年ぶりにご自身で「北部」の稲刈をしていただくことができました。なお昭和26(1951)年に研究誌『クロバー』の発行と「西尾彦市翁顕彰碑」を建立した、久多美四Hクラブの業績はもっと高く評価しなければなりません。その実績が残されたからこそ今日の「北部米」蘇生につなげることができたのです

(3)「古代の大和と出雲をつないだ玉作りの里」の原稿の出典は、平成27(2015)年3月、出雲玉作資料館地域運営協議会発行『まが玉探検記』というリーフレットです。このリーフレットは、当時、出雲玉作資料館の三宅博士館長の要請(子ども向けに、親しみやすく、わかりやすい〝親子で学ぶシリーズ〟のように書いてほしいという)により館長のご教示をいただきながら私が執筆しました。

(4) 松江市忌部町の「忌部(いんべ)」という地名には「忌」という文字が入っているため、地元の方の中には地名自体を忌み嫌う方もいらっしゃるようです。毎年忌部小学校6年生社会科特別授業のゲストティーチャーを務めていますが、確かに子どもたちの中にも、そのような雰囲気があります。そこで、私は前々からその誤解を解き、「忌部」という名前が付いた自分たちの地域に、自信と誇りを持っていただきたいと考えていました。たまたま2021年春、忌部神社下方の「玉の森」の調査依頼を受けました。さっそく、現地踏査したところ、それは元々「古墳」でしたが、江戸時代に墳丘が流失し、今の姿になったことがわかりました。

その後、松江市史料調査課の面坪(おもつぼ)紀久(きく)学芸員と忌部神社和田統彦宮司のご協力も得て、調査を進めた結果、導(みち)き出した推論を本書の中で披露できました。ご祭神の墓を玉湯ではなく、忌部の「玉の森」に設置した、中央豪族忌部氏の意図が、地名「忌部」につながるキーポイントだと考えます。

(5) 全く地縁、血縁もなかった松江市(旧八束郡)島根町でした。平成元(1989)年4月、島根町教育委員会派遣社会教育主事として赴任した初日、町内各所へ挨拶回り。加賀から野波へ通じる「野波道路」に入ったとたん、車窓の前に広がる桜並木。行けども行けども続く、日本海のコバルトブルーをバックにした満開の桜の希有な美しさ。びっくり仰天の心地でした。「どうして、この地に、このような桜街道があるのか。」と素朴な疑問から、そのルーツを町民の方々から取材していくと、またびっくり。昭和39(1964)年島根町出身者から、故郷への苗木寄贈から始まる、約25年間の壮大な〝郷土愛の歴史〟が浮かび上がってきたのです。この史実を文章や映像で残せないものかと町教委の湯原章主事に相談したところ、「文化財ビデオ」を作ろうということになりました。やがてこの方針で進めていたら、いつのまにか、町役場内でプロジェクトチーム(田中豊リー

ダーほか4名）が結成され、あれよあれよと言う間に、町内の小学生から高齢者まで約170人が素人役者として出演する本格的なビデオドラマ制作になってしまいました。その題名は「チェリーロードわが町」（約40分）。撮影の大詰めでは、民放テレビ番組「モーニングショー〝八波一起と清水由貴子のワンダフルピープル〟」の全国生中継。その放映が出版社からの原稿依頼を生み、そして日本標準発行『みんなで考える道徳』（小学校5年用）という、全国版の準教科書の中に掲載されることになったのでした。島根町ではわずか3年の勤務でしたが、毎年、町内の遺跡発掘調査を担当するチャンスも与えていただき、考古学研究のレベルアップができました。3年後、学校現場から県文化財行政の一端を担う立場（島根県埋蔵文化財調査センター長）に移った時、島根町での経験が大いに役立ちました。

（6）平成28（2016）年9月9日㈮の午前中、富山マチノ女史（若き女性参政権獲得運動家）のご子孫安部美保子様（松江市在住）から、資料解読依頼のお電話。その日の夕方、松江歴史館へ貴重な書類（市川房枝あての手紙やハガキなど）を持参されました。全く専門外の分野でしたが、あつかましくお引き受けしました。資料の中身を吟味するとともに10月7日には、灯籠が置かれているという雲南市立海潮小学校へいきなりおじゃましたのですが、快く万代公郎教頭先生のご案内。中庭に整然と立つ一基（竿に刻まれた銘文「昭和八年十月寄贈富山マチノ女史」）と、前庭にもう一基を確認できました（元々灯籠は一対）。その後、宮川稔校長先生のご好意により、卒業記念写真アルバムを見せていただくことができ、富山マチノのおおよその全体像を把握できました。ごく身近な所に、時代の先駆者がいらっしゃったこと、そしてその子孫安部美保子様姉妹の熱心な探求行動に胸が打たれました。

（7）令和元（2019）年8月25日、安来市伯太町赤屋交流センターへ出かけました。演題は「戦国大名尼子氏の興亡」。終了後、熱心に聴講していただいた地域住民の神庭純様から次の機会に、地元赤屋地区の古墳の話をしてほしいという要望が出ました。正直なところ当地の古墳についての知識はゼロでしたが、ここでもまた厚顔無恥、即座にお引き受けしました。その後、私なりに勉強してみたところ、前方後円墳に横穴式石室2基を有するという特異な古墳「小丸子山1・2号墳」の存在を知りました。

翌年3月25日、交流センターの職員（細田昇館長・福田春夫主事）や地元の方3名のご案内で実地踏査。すると案の定、それらしい感触を得ました。翌年令和4（2022）年には安来市教育委員会の専門職員の方に測量調査をしていただき、さらに県埋蔵文化財調査センターの吉松優希（ゆうき）主任主事からは鳥取県米子市の古墳資料も送っていただきました。その結果、私は今のところ島根県で唯一「横穴式石室2基を有する前方後円墳」と言い切ってしまいました。今後、新資料あるいは新見解が出れば修正しなければなりませんが……。

（8）私が不勉強な分野にもかかわらず、講師依頼を引き受けたおかげで、その後、事態が急展開し、好ましい方向へ発展したもう一例を紹介します。それは松江市八雲町日（ひ）吉（よし）の意宇川の切通しと川違え工事。小学校4年生社会科、周藤弥兵衛家3代にわたる偉業の学習です。平成21(2009)年5月、松江市忌部小学校4年担任の先生から「周藤弥兵衛と意宇川」の学習をしたいので、ぜひ私にゲストティーチャーをしてほしいとの要望がとび込んできました。あまり自信はなかったのですが、何とかなるだろうと軽く考えて即刻引き受けました。翌6月4日のことです。八雲郷土文化会館の田中和美館長にご同行の上、ご教示いただこうと、八雲町「日吉ふれあい会館」駐車場に車を止めました。すると、ドアを開けたとたん、目の前に、小高い盛土を発見しました。一見して古墳のよう。さっそく田中館長といっしょに現地に向かいました。そこは引野郁雄氏宅敷地（現在は長男引野慎治氏宅）。引野様は「先祖から大切なものだから（削らずに）残しておくように。」と言われているが、それ以上のことは何も言い伝えがない。」とおっしゃいました。要するに何なのかわからない。実はこの盛土が、本書で新たな仮説として紹介する「池」の左側護岸の一部です。当初は、八雲村発行『周藤弥兵衛』所収の地形図から旧意宇川の左岸堤防の一部と判断しました。この説に対し、地元や研究者の間から全く異論は出ませんでした。そこで、その後14年間は「旧意宇川の左側堤防の一部」として、子ども達に教えてきました。しかし、対岸の右側の堤防痕跡はありません。約100メートル先の山すそを堤防代わりに想定すると、川幅が100メートルになってしまいます。ちょっと広すぎます。その点を遠慮がちにいぶかる子どももいました。

ずっと気にかかっていましたので、今年4月9日(日)のこと、改めて当地の「地籍図」を見直しました。すると、図の中に「池尻」「池端」「川原」「川田」の地名を発見。さらに22日(土)には、周藤弥兵衛顕彰会の矢野秀行会長と現地を歩いて、川筋の上下に、はさまれた形の大きな池の存在を確信しました。と言ってもあくまでも「地名」からの推測です。今後ボーリング調査など科学的調査研究からの裏付けが必要です。とりあえず小学生には、あの場所は「川跡」でなく「池跡」の可能性が高い、と教えておいた方がよさそうです。

以上、大変長々と後編の各項目ごとに、裏話や私自身の思いを記述させていただきました。加齢現象で饒舌、多弁と失笑されるかもしれませんが、お許し下さい。

ここで、本文や「あとがき」の中で記載させていただいた方以外で、お世話様になった関係機関や皆様（個人）のお名前を順不同で挙げさせていただき、お礼申し上げます。（敬称略）

出雲大社、八雲立つ風土記の丘、島根県埋蔵文化財調査センター、島根県立三瓶自然館サヒメル、島根県古代文化センター、邑南町教育委員会、安来市教育委員会、出雲市文化財課、隠岐の島町教育委員会、島根県立古代出雲歴史博物館、益田市教育委員会、安来市立歴史資料館、津和野町郷土館、浜田市教育委員会、鹿島歴史民俗資料館、荒島交流センター、安来市立荒島小学校、久多美コミュニティセンター、八雲公民館、忌部公民館、忌部神社、忌部歴史研究会、出雲玉作資料館、島根公民館、海潮小学校、赤屋交流センター。

丹羽野裕、大塚充、水口晶郎、舟木聡、三島吉弘、山田由起子、和田泰延、石飛秀人、村上美智子、藤原勲、長岡恵造、宮川稔、万代公郎、奈良井丈治、古志野郁美、勝部里絵、勝部江理子、大野芳典、三原一将、長澤和幸、宮田健一、藤田大輔、石倉知樹、米田正道、西尾幸兌、西尾和浩、原豊、三宅博士、田中豊、引野慎治、岩見良、増田由美子。

なお本書の前編を掲載するに至るまで、今井智恵、松宮加奈両学芸員をはじめ、八雲立つ風土記の丘の職員の方々に大変お世話様になりました。特に顧問松本岩雄様には、ご多忙のところ心のこもった玉稿をいただきました。また、岡崎雄二郎様には今回も面倒な原稿校正をして下さいました。そして刊行に至るまでご尽力いただいた山陰中央新報社出版部長杉原一成様、㈱クリアプラスの間庭嘉昭様、石倉玲子様、今回も難解な内容、しかも乱雑な原稿文字を読み解き、子どもたちにも理解しやすいイラスト・デザインを工夫していただいた多久田寿子様。末筆となりましたが、本書でもって何と10回目にもなりますのに、常に快く巻頭言を賜りました藤岡大拙先生に、厚く厚くお礼申し上げます。

令和5（2023）年10月30日

参考文献

瀧音能之「忌部神戸と玉作の神」『駒沢史学第58号』（平成14年3月）
宍道正年監修 リーフレット『見て！歩いて！知る！　まが玉探検記』（出雲玉作資料館地域運営協議会　平成27年3月）
『島根縣史蹟名勝天然紀念物調査報告第三輯』（大正8年5月　島根縣内務部庶務課）
忌部歴史研究会・まち歩きマップ編集委員会　編集・発行リーフレット改訂版『水と緑と花の里いんべ』（令和5年2月）
曽田常吉『廣田亀治翁と亀治種』（昭和8年）
亀治翁銅像復興促進委員会『廣田亀治翁について』（昭和27年）
宍道正年編著 リーフレット『荒島はすごい・米作りに生涯をかけた荒島の先人たち』（荒島地区活性化推進協議会　平成25年）
久多美四Hクラブ『クロバー夏季号　西尾彦市顕彰特輯号』（昭和26年）
宍道正年『久多美の偉人伝　―西尾彦市と伊藤ハルノ―』（昭和57年）
宍道正年『ふるさと久多美から松江へ』（平成20年12月）
久多美再発見の会『ふるさと久多美再発見の旅』（令和4年3月）
宍道正年『島根町チェリーロード五十年』（平成27年2月25日）
『安来市内遺跡調査報告書1』（安来市教育委員会　平成23年3月）
「別所1号墳」『新鳥取県史 考古2 古墳時代』（令和2年3月　鳥取県）
『周藤彌兵衛』（八雲村企画振興課　平成14年3月29日）

著者略歴

宍道　正年（しんじ　まさとし）

1948年、島根県松江市生まれ。島根大学教育学部卒業後、小学校教諭に。1989年4月から1992年3月まで3年間は八束郡島根町教育委員会派遣社会教育主事。島根県古代文化センター長、島根県埋蔵文化財調査センター所長、島根県教育庁文化財課課長など歴任し、2008年3月松江市立法吉小学校校長を最後に定年退職。2010年8月から2019年3月まで松江歴史館専門官。4月からフリーランス（雇用的自営業者）「宍道正年歴史研究所 代表」）。

主な著書に『島根県の縄文式土器集成Ⅰ』（1974）『ふるさと日御碕』（1976）『日御碕剣道の歩み』（1975）『小学校剣道部経営』（1979）『清原太兵衛と佐陀川づくり』（1983）『島根の考古学アラカルト』（1984）『宮尾横穴群』（1992）『亀田横穴群』（1993）『（ビデオ）チェリーロードわが町』（1990）『入海の見える校長室から』（2008）『丘の上の校長室から』（2008）『ふるさと久多美から松江へ』（2008）『親子で学ぶ松江城と城下町』（2012）『親子で学ぶ松江藩の時代～松江歴史館で見る～①』（2013）『（DVD）親子で学ぶ周藤弥兵衛の〝切通し〟と〝川違え〟』（2012）『親子で古代史の宝庫荒島を歩く』（リーフレット）『米作りに生涯をかけた荒島の先人たち』（リーフレット）『親子で古代出雲の荒島を歩く～荒島はすごい～』（2014）『島根町チェリーロードの五十年』（2015）『維新十傑の一人・前原一誠と松江の修道館そして大社町宇龍』（2015）『親子で学ぶ国宝松江城』（2016）『（DVD）戦国武将宍道氏とその後～尼子氏と宍道氏のかかわり～』（2016）『親子で学ぶ国宝松江城のお殿様①』（2017）『日御碕少年剣道の生い立ち』（2017）『親子で学ぶ国宝松江城のお殿様②』（2018）『久多美少年剣道四十年の歩み』（2019）『親子で学ぶ松江城と富田城の時代』（2019）『親子で学ぶ世界遺産石見銀山』（2019）『親子で学ぶ小泉八雲』（2020）『親子で学ぶ堀川遊覧船と国宝松江城』（2022）などがある。

日本考古学協会員、全国宍道氏会世話人、松江市月照寺大亀の石研究会代表、前原一誠を再評価する会世話人。剣道2段。

松江市在住。

親子で学ぶ
島根の歴史知る知る事典

前編　山陰中央新報こども新聞『週刊 さんいん学聞』連載
「風ちゃんとドッキー博士のどきどき考古学」

後編　「島根の歴史ポケット豆知識」

令和５（2023）年11月１日発行

著　者　宍道　正年

デザイン　多久田寿子

発行所　山陰中央新報社
〒690-8668 松江市殿町383
電話 0852-32-3420（出版部）

印　刷　㈱クリアプラス

製　本　日宝綜合製本㈱

ISBN978-4-87903-261-4　C0021　￥1600E